Christian Seiffert

Treffpunkt D-A-CH

Landeskundeheft 3

Ernst Klett Sprachen

Stuttgart

Von Christian Seiffert

Layoutkonzept: Andrea Pfeifer, Kommunikation + Design, München

Illustrationen: Nikola Lainović

Umschlaggestaltung: Svea Stoss, 4S_art direction
unter Verwendung einer Karte von Nikola Lainović

Umschlagsfotos:
Vorderseite (von oben im Uhrzeigersinn):
Flensburg, Hafenansicht: Christian Seiffert; Dresden, Frauenkirche nach Wiederaufbau: © Christoph Münch, Dresden Marketing GmbH; Nationalpark Donau-Auen, Altarm: © Baumgartner, www.donauauen.at; München, Deutsches Museum © Deutsches Museum; Schweizer Nationalpark: © Roland Zumbühl, www.picswiss.ch; Stuttgart, Schloss: © Jürgen Effner, Fotolia.com; Jugendherberge Burg Altena: mit freundlicher Genehmigung des Deutschen Jugendherbergswerks, Landesverband Westfalen-Lippe gemeinnützige GmbH Marketing/Programmentwicklung; Westfälische Wilhelms-Universität Münster/Schloss: © WWU Münster, Fotograf Peter Grewer; Wattenmeer Schleswig-Holstein: © Stock / LKN-SH

Rückseite (von links nach rechts):
Graubünden, Val Poschiavo, Brusio, Roland Zumbühl, www.picswiss.ch; Jugendherberge Köln-Deutz: mit freundlicher Genehmigung der Jugendherberge Köln-Deutz; Münster, Dom und Domplatz, Münster: © Lars Paege, PIXELIO; Stuttgart, Rathaus: © JuergenG, Wikimedia Creative Commons; Nationalpark Wattenmeer: © Stock / LKN-SH

Redaktion: Hedwig Miesslinger

1. Auflage 1 9 8 7 | 2022 21 20

Satz: Franzis print & media GmbH, München
Druck und Bindung: Elanders GmbH, Waiblingen

ISBN 978-3-12-606063-9

9 783126 060639

A

B

C

D

In Flensburg um 1900 und heute

1 Vergleichen Sie die beiden Fotos und beschreiben Sie die Unterschiede. Die Wörter helfen.

Straßenbahn • Uniform • Laterne • Verkehrsampel • Werbung

Flensburg, Straßenkreuzung 1907

Flensburg, Straßenkreuzung 2010

Flensburg ist die nördlichste Stadt Deutschlands. Sie liegt an der Ostsee und direkt an der Grenze zu Dänemark. Die Stadt hat eine über 700-jährige Geschichte. Ihre Altstadt ist geprägt von deutscher und dänischer Baukultur, denn Flensburg gehörte vor 1864 zu Dänemark. Die Stadt hat noch viele historische Gebäude, denn sie wurde im 2. Weltkrieg nicht zerstört. Flensburgs Einkaufsstraße ist über einen Kilometer lang. Hier gibt es 500 Geschäfte und zwei Einkaufszentren. Bekannt ist die Universitätsstadt unter anderem wegen ihrer Regatten für Segelyachten, historische Segelschiffe oder alte Dampfschiffe.

Regatta, die, Regatten = Rennen für Schiffe

Name: Flensburg
Größe: 56,38 km²
Einwohnerzahl: ca. 88 500
Bundesland: Schleswig-Holstein

2 Was hat sich in Ihrem Heimatort in den letzten Jahren verändert?

3 Lesen Sie den Text und § 25 (3) aus dem heutigen Schulgesetz in Schleswig-Holstein. Welche Sätze im Text haben mit dem Paragrafen zu tun?

Christian Struckmann, ein Flensburger Maler (*1889, †1993), ist vor 1900 in die Schule gekommen.
Mit 100 Jahren erinnert er sich:
„Es war kein guter Anfang. Ich hatte keine Lust und bin ein schlechter Schüler gewesen. Die Lehrer waren aber auch ungerecht. Meine Schularbeiten wurden zu Hause nie kontrolliert, die Eltern hatten zu viel zu tun. Wir mussten viel auswendig lernen. Ich hatte oft Strafarbeiten auf. Schläge bekam ich jeden Tag, das war schon üblich. Wenn wir etwas aufsagen sollten, brauchten wir bloß einen Fehler zu machen, dann wussten wir schon, du kriegst mit dem Stock. Das war immer so. Aber im letzten Jahr, da habe ich mehr gelernt als in den ganzen anderen, dann hatte ich auf einmal Lust dazu. Aber das war unser Direktor, der da unterrichtete. Er hat nie geschlagen. Fünfundsechzig Jungen waren wir in der Klasse."

§ 25 (3) […] Die körperliche Züchtigung sowie andere entwürdigende Erziehungsmaßnahmen sind verboten.

Züchtigung, die, -en = körperliche Gewalt, z. B. Schläge
entwürdigend = gegen die Würde des Menschen (Grundrecht)

4 Eine Einschulung 2010. Lesen Sie das Telefonat und erzählen Sie: Was war bei Ihrer Einschulung anders?

Ich habe vor ein paar Wochen das Einschulungsfoto in der Zeitung gesehen, alle Erstklässler* mit ihren Schultüten. Jetzt ist Malte auch schon in der Schule … Wie war denn die Einschulung?

Schön. Wir waren alle in der Turnhalle. Meine Eltern waren mit dabei und mein Bruder ist auch mitgekommen. Malte saß mit den anderen Erstklässlern in der ersten Reihe. Die Viertklässler haben ein Lied gesungen und eine kleine Theateraufführung gemacht. Und dann sind alle Erstklässler mit ihren Klassenlehrerinnen in die Klassenzimmer gegangen. Das war seltsam für mich. Jetzt ist Malte ein Schulkind …

Und wie gefällt ihm die Schule?

Gut. Er hat in der Klasse auch schon ein paar neue Freundschaften geschlossen. Und seine Lehrerin ist auch nett. Es ist ja doch vieles anders als zu unserer Schulzeit. Maltes Klassenlehrerin hat uns auf dem Elternabend erzählt, wie sie die Klasse unterrichtet. Ich glaube, dass die Kinder es heute leichter haben, weil die Lehrer besser ausgebildet sind. Weißt du noch, wir hatten doch diesen einen Lehrer, der …

Erstklässler, der, –
Erstklässlerin, die, -nen = Schüler/in in der 1. Klasse

Jugendherbergen

5 **Sehen Sie sich die Fotos von zwei Jugendherbergen an und schreiben Sie Gründe für eine Übernachtung in den beiden Häusern auf. Vergleichen Sie Ihre Notizen.**

Jugendherberge Burg Altena

Jugendherberge Köln-Deutz

Ich habe noch nie in einer Burg geschlafen. Das möchte ich gerne ausprobieren.

Die Jugendherberge Köln-Deutz sieht modern aus. Da gibt es wahrscheinlich ....

6 **Lesen Sie den Text und sammeln Sie im Kurs: Was sind die Unterschiede zwischen einer Jugendherberge und einem Hotel?**

Jugendherbergen

Eine Jugendherberge ist eine günstige Freizeit- und Übernachtungsmöglichkeit. Viele Jugendgruppen oder Schulklassen, aber auch Familien und Alleinreisende übernachten hier. In jeder Jugendherberge gibt es Räume, die alle Gäste gemeinsam nutzen können, z. B. den Speiseraum, eine Cafeteria oder Aufenthaltsräume. Oft haben Jugendherbergen Spiel- und Sportmöglichkeiten und einen Grillplatz. Hier kommt man schnell in Kontakt mit anderen Gästen. Aber eine Jugendherberge ist kein Hotel: Die Gäste helfen z. B. beim Tischdienst und beziehen ihre Betten selbst. Wenn man in der Jugendherberge übernachten möchte, muss man Mitglied einer Jugendherbergsorganisation sein.

Tischdienst, der *(Sg.)* = Aufgaben/Arbeiten vor und nach dem Essen, z. B. den Tisch decken, den Tisch wischen, Geschirr abwaschen und abtrocknen. Kochen gehört nicht zum Tischdienst.

Jugendherberge	Hotel
– ...	– ...

7 **Lesen Sie den Auszug aus der Hausordnung für Jugendherbergen und die zwei Situationen. Was dürfen Sie, was dürfen Sie nicht? Welche Regeln finden Sie gut, welche nicht?**

Hausordnung

[…] Die Unterbringung erfolgt in Mehrbettzimmern und in der Regel nach Geschlecht getrennt. […] Wir bitten Sie während Ihres Aufenthaltes um Mithilfe. Dazu gehört z. B., dass Sie die von Ihnen genutzten Einrichtungen, Räume und Gegenstände in Ordnung halten und beim Tischdienst helfen. […] In Schlafräumen dürfen Speisen weder zubereitet noch gegessen werden. […] Rauchen ist in der Jugendherberge nicht gestattet. Der Konsum von mitgebrachten alkoholischen Getränken ist in der Jugendherberge und auf ihrem Gelände nicht erlaubt. […] Jugendherbergen sind in der Regel bis 22 Uhr geöffnet. Die Nachtruhe beginnt um 22 Uhr und endet um 7 Uhr. Um die Nachtruhe für andere Gäste zu ermöglichen, werden alle Gäste um Rücksicht gebeten.

Situation A: Sie haben Geburtstag und möchten mit Freunden bis abends um 10 Uhr in der Jugendherberge Musik hören und feiern.

Situation B: Sie haben nachts Hunger bekommen und möchten im Bett Kekse essen.

8 Wo kann man bei Ihnen in der Nähe günstig übernachten? Beschreiben Sie die Unterkunft.

i

„Unterkunft für alle“

Angefangen hat alles 1909 in Altena. Richard Schirrmann, ein Lehrer, hatte in diesem Jahr die Idee für die Jugendherbergen. Er schrieb später: „Jede Stadt und fast jedes Dorf hat eine Volksschule, die in den Ferien mit leeren Räumen geradezu darauf wartet, in einen Schlaf- und Speisesaal für […] Kinder verwandelt zu werden.“ Schirrmann wollte auch Jugendlichen aus einfachen Familien das Reisen möglich machen. Sein Motto: „Unterkunft für alle“. Er gründete die erste Jugendherberge der Welt in einer Schule in Altena. 1912 zog seine Jugendherberge auf die Burg Altena. Heute kann man dort immer noch übernachten – allerdings in anderen Räumen. Die Originalräume kann man aber noch im Museum auf der Burg besichtigen. Schirrmanns Idee verbreitete sich schnell und heute gibt es in 80 Ländern weltweit über 4000 Jugendherbergen. 10 Millionen Übernachtungen hat man 2009 in deutschen Jugendherbergen gezählt. 541 gibt es in ganz Deutschland. Alle gehören zum Deutschen Jugendherbergswerk (DJH). Die Organisation hat ein Hauptziel: die Förderung von Jugendreisen. Zusätzlich möchte die Organisation aber auch den interkulturellen Austausch fördern. Die Jugendlichen sind die wichtigste Zielgruppe der Jugendherbergen, aber alle anderen Altersgruppen bis hin zu den Senioren sind heute genauso willkommen. Horst Köhler (der neunte Bundespräsident von Deutschland, Amtsinhaber von 2004 bis 2010) nannte die Jugendherbergen „gesellschaftlich wichtige Orte der Begegnung“.

Mehr Informationen zu Jugendherbergen finden Sie auf den Homepages des DJH und der „International Youth Hostel Organisation“ (IYHO).

Gemeinschaft erleben
jugendherberge.de
DJH

Käse und Kantone

9 Lesen Sie den Text über die Käseherstellung in der Schweiz und ergänzen Sie die Wörter aus dem Kasten.

Stücke • Milch • Käsereien • Zeit • Formen • Monate • Keller • Salz • Käse • Gras

Käse braucht Zeit

Erhitzen, rühren, schneiden, rühren, schneiden, rühren, drücken, baden und warten, drehen, warten oder noch länger warten.
So kann man schnell beschreiben, was bei der Käseproduktion passiert. Aber so schnell entsteht kein guter Käse. Denn jeder einzelne Arbeitsschritt bei der Käseherstellung verändert das Aroma, den Geschmack. Käse braucht ___ ___ ___ ___, manche Käsesorten sogar viel Zeit. Also noch einmal langsam:
Eine Kuh steht auf einer Wiese in der Schweiz, frisst ___ ___ ___ ___ und Kräuter. Im Winter frisst sie Heu. Das gibt besonders gute Milch. Die Milch kommt in eine der etwa 800 ___ ___ ___ ___ ___ ___ ___ ___ ___ in der Schweiz. Oft sogar in eine Käserei im gleichen Dorf, denn die frische Milch muss man schnell verarbeiten. 10 Liter ___ ___ ___ ___ ___ braucht man etwa für ein Kilo Käse. Die Milch kommt traditionell in einen großen Kessel aus Kupfer. Da erhitzt man sie und rührt. Dann gibt man Lab dazu und die Milch wird dick wie ein Teig. Diesen Teig schneidet man in Stücke. Sind die ___ ___ ___ ___ ___ ___ groß, wird der fertige Käse später weich. Sind die Stücke kleiner, wird der ___ ___ ___ ___ später härter. Noch einmal schneiden und rühren. Dann drückt man den Käse (je nach Sorte) in unterschiedliche ___ ___ ___ ___ ___ ___. So bekommt man einen Laib. Danach „badet" man den jungen Käselaib in Salzwasser (Lake). Manche Käse „baden" 2 Stunden, andere über 70. Die Lake zieht Wasser aus dem Käse, und etwas ___ ___ ___ ___ aus der Lake kommt in den Käse. Jetzt muss man geduldig sein, denn der Käse muss reifen. Und Reifung braucht Zeit. Für den einen Käse genügen einige Tage, andere brauchen Wochen, ___ ___ ___ ___ ___ ___ oder sogar Jahre. Man lagert den Käse in einem ___ ___ ___ ___ ___ ___, dreht den Käse um, wartet, dreht ihn noch einmal um und wartet wieder. Man wartet auf den fertigen Käse, darauf, dass er reif ist. Gut, dass man nicht wirklich so lange warten muss, wenn man guten Käse essen möchte. Wenn man ihn kauft, ist das alles schon passiert.

Heu, das (*Sg.*) = getrocknetes Gras, natürliches Futter für Tiere
Lab, das, (*Sg.*) = ein Enzym von Kälbern, macht Milch dick
Laib, der, -e = Form von einem Käse, meist rund

10 Gibt es in Ihrem Land Käsespezialitäten? Was ist das Besondere an diesem Käse? Berichten Sie.

11 Lesen Sie die Beschreibungen der Käsesorten und tragen Sie die fehlenden Kantonsnamen ein.

Appenzeller

Seit über 700 Jahren gibt es Appenzeller Käse. Dorfkäsereien aus Appenzell Ausserrhoden, St. Gallen und Thurgau produzieren ihn. Mit einer Mischung aus Kräutern, Wurzeln und Blüten bearbeitet man den Käse in der Reifezeit. Das ist das Geheimnis für den Geschmack des Appenzellers. 60 % von dem würzigen Hartkäse exportiert die Schweiz, das meiste davon nach Deutschland.

Graubünden

Piz Bever

Im östlichsten Teil der Schweiz liegt der größte Kanton: Graubünden. Er hat die wenigsten Einwohner pro Quadratmeter. Das liegt an seiner Geografie: 150 Täler, 615 Seen und 937 Berggipfel. Über 450 Berge gibt es hier, die höher als 3000 m sind. In Sennereien in über 1000 m Höhe wird hier ein aromatischer Hartkäse aus bester Alpenmilch hergestellt: Piz Bever.

Emmentaler

Die Emme liegt im Kanton Bern. Der Fluss fließt von der Grenze zu Luzern nach Solothurn und dort in die Aare. Nach ihm ist das Emmental benannt. Und so heißt auch der Original-Käse, den man im Berner Hügelland herstellt: Emmentaler. Deutsche sagen oft „Schweizer Käse", wenn sie Emmentaler meinen. Typisch für Emmentaler: die großen Löcher und sein kräftiger Geschmack. Er reift mindestens vier Monate.

Sbrinz

Sbrinz (auch „Sbri-enz" gesprochen) kommt vor allem aus den Kantonen Luzern, Obwalden und Nidwalden. Seit über 500 Jahren stellt man den Hartkäse in Handarbeit und im traditionellen Kupferkessel her. Er reift mindestens 16 Monate. Sbrinz ist sehr trocken und gut haltbar. Bevor er auf den Tisch kommt, sollte er mindestens zwei Jahre alt sein. Die Schweizer essen den meisten Sbrinz selbst, oft als „Möckli", als kleine Stücke, die man vom Sbrinz abbricht.

5 ___ ___ z___ ___ ___ 6 ___ ___ w___ ___ ___ ___ ___

7 ___ ___ ___ w___ ___ ___ ___ ___

13 T___ ___ ___ ___ ___ ___

14 ___ ___ . ___ ___ ___ ___ ___ ___

16 ___ ___ ___ ___ ___ ___ ___ ___ ___

A___ ___ ___ ___ ___ ___ ___ ___ ___ ___ ___

18 ___ ___ ___ ___ b___ ___ ___ ___ ___

21 ___ ___ ___ ___

1 Basel-Stadt
2 Basel-Landschaft
3 Solothurn
4 Aargau
8 Uri
9 Schwyz
10 Zug
11 Zürich
12 Schaffhausen
15 Appenzell Innerrhoden
17 Glarus
19 Tessin
20 Wallis
22 Jura
23 Neuenburg
24 Freiburg
25 Waadt
26 Genf

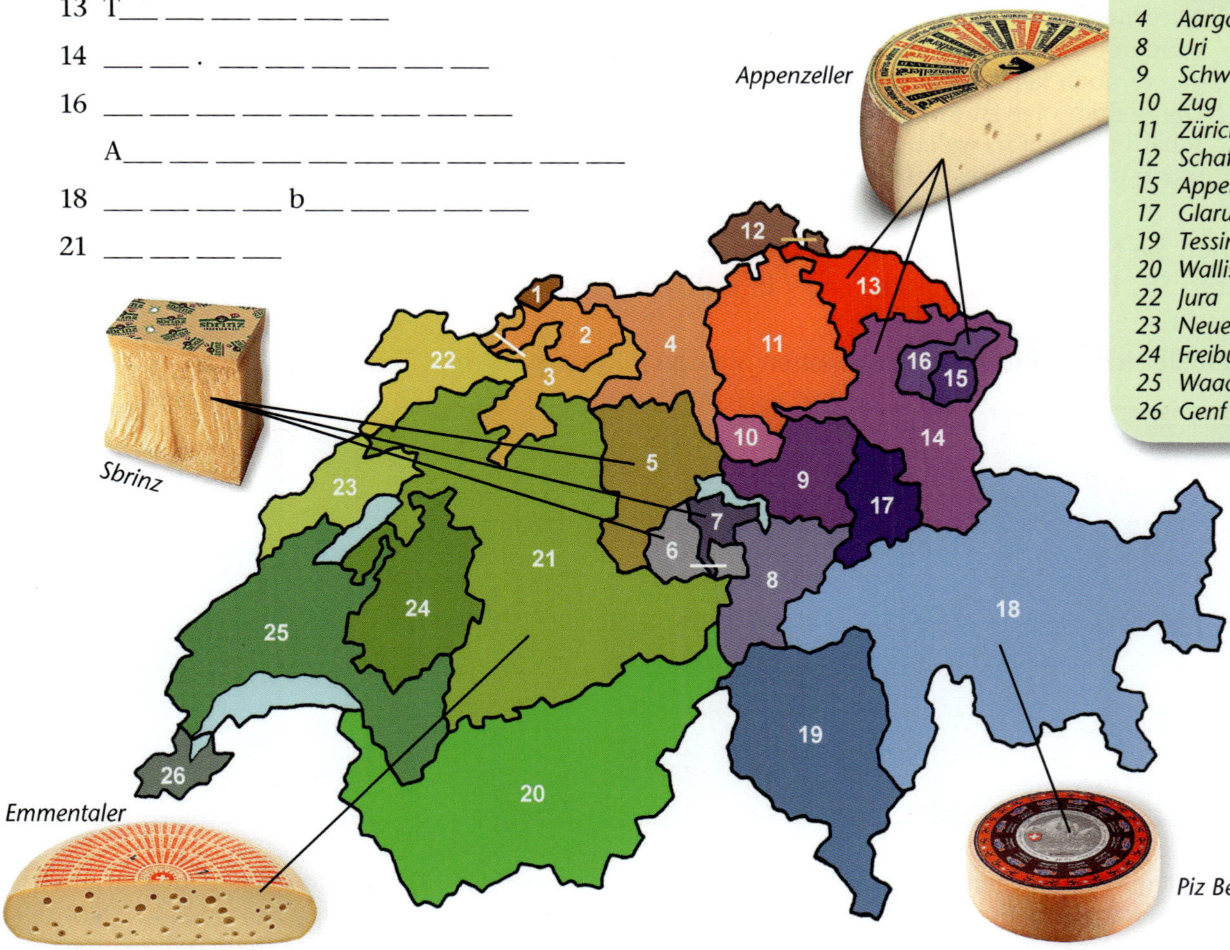

12 Wissen Sie schon etwas über die Kantone? Wählen Sie einen Kanton aus, recherchieren Sie (z. B. im Internet) und berichten Sie im Kurs.

Vom Halm ins Glas

13 Lesen Sie die folgenden Aussagen zum Thema Bier. Was glauben Sie: Stimmen die Aussagen oder nicht? Begründen Sie Ihre Meinung und diskutieren Sie.

a) Ein Deutscher hat das Bier erfunden.
b) Wenn man Bier trinkt, bekommt man einen Bierbauch.
c) „Bier auf Wein, das lass sein!" (Es ist nicht gut, Bier nach Wein zu trinken.)
d) Bier trinken ist gut für den Blutkreislauf.

14 Welche Erläuterung passt zu welcher Aussage aus Aufgabe 13?

1 ☐ Alkohol macht Blutgefäße weiter. Blut kommt deshalb schneller in den Körper und zu den Organen. Ein Glas oder eine Flasche Bier können also gut für den Organismus sein. Die Aussage stimmt also. Sie stimmt aber nicht, wenn man zu viel Bier trinkt. Das schädigt den Körper.

2 ☐ Das ist falsch. Bier hat nur etwas mehr Kalorien als Fruchtsaft. Ein Bier allein macht also nicht dick. Oft aber isst man fette Speisen zu Bier – und das macht tatsächlich dick. Und die Menge ist auch wichtig: Wer viel Bier trinkt, nimmt natürlich zu. Männer lagern das Körperfett häufiger am Bauch ein, Frauen an den Hüften, daher haben Männer auch häufiger einen „Bierbauch".

3 ☐ Natürlich nicht. Archäologen haben alte Reste von Bier in Ägypten und im heutigen Iran gefunden und haben es untersucht. Das Ergebnis: Es ist mindestens 5000 Jahre alt. Zu dieser Zeit gab es noch keine Deutschen, also kann Bier auch keine deutsche Erfindung sein.

4 ☐ Die Reihenfolge ist unwichtig. Viel wichtiger ist, wie viel man trinkt. Zu viel Alkohol ist immer schädlich, egal in welcher Reihenfolge. Die Reihenfolge Wein – Bier ist aber unproblematisch, wenn man nur eine kleine Menge von beidem trinkt.

15 Kennen Sie Namen von deutschen Bieren und Brauereien? Sammeln Sie im Kurs und recherchieren Sie, in welchem Bundesland / in welcher Stadt die Brauereien sind.

16 Sehen Sie sich die Bilder an und ordnen Sie den Bildern passende Textabschnitte zu.

A ☐

B ☐

C ☐

D ☐

E ☐

1 Herzlich Willkommen zur Brauereiführung. Mein Name ist Holger Bergmann. Ich bin „Brauer" von Beruf. Ich möchte Ihnen erklären, wie man Bier produziert, also „braut". Im Mittelalter hat man in ganz Europa viel Bier getrunken, weil es kaum sauberes Trinkwasser gab. Man wollte sich so vor Krankheiten schützen. Das Bier hatte weniger Alkohol als heute. Aber die Brauer haben damals auch Kräuter ins Bier gemischt, zum Beispiel als Schutz vor Zauberei. Das schmeckte nicht gut und war auch oft nicht gut für die Menschen.

2 In Bayern hat man deshalb 1516 festgelegt, dass man für das Brauen nur Gerste, Hopfen und Wasser verwenden darf. Diese Regelung heißt „das bayerische Reinheitsgebot". Heute benutzt man auch noch Hefe für das Brauen, die kannte man damals noch nicht. Und es darf heute auch anderes Getreide, zum Beispiel Weizen, benutzt werden. Zum Brauen nach dem heutigen deutschen Reinheitsgebot darf man nur Getreide, Hopfen, Wasser und Hefe verwenden.

Entschuldigung, Herr Bergmann. Wie viele Brauereien und Biere gibt es in Deutschland?

Rund 5000 Biere. Hergestellt in etwa 1300 Brauereien.

3 Am Anfang des Brauens steht die Herstellung von Malz. Das sind Getreidekörner, die man in Wasser einweicht. Die Körner fangen dann an zu wachsen. Das Wachstum unterbricht man wieder durch Erhitzen. Und das Endprodukt nennt man Malz. Für unterschiedliche Biersorten benutzen wir verschiedene Malzsorten. Sie kennen vielleicht das Weizenbier. Das heißt so, weil man dafür auch Weizenkörner zu Malz verarbeitet.

4 Hier in der Brauerei zerkleinern wir das Malz und erhitzen es in Wasser. Verschiedene Stoffe aus dem Malz lösen sich im Wasser, vor allem der Malzzucker. Den brauchen wir, damit er später zu Alkohol werden kann. Die Reste vom Malz holen wir aus der Flüssigkeit heraus. Die Flüssigkeit nennen wir „Würze".

5 Die Würze kommt dann hier in die sogenannte „Sudpfanne". Jetzt kommt auch der Hopfen dazu. Die Menge des Hopfens bestimmt Geschmack und Haltbarkeit des Biers. Der Hopfen gibt dem Bier den herben, etwas bitteren Geschmack. Dann kochen wir die Würze, entfernen auch die festen Reste des Hopfens und kühlen das Ganze ab.

6 Jetzt kommt die Würze in einen Tank. Die Hefe kommt dazu. Hefe, das sind Pilze. Sie kennen sicher Hefe, die man für Brot oder Kuchen verwendet. Für das Brauen benötigt man aber andere Hefesorten. Die Hefe verwandelt den Zucker in Alkohol. Das nennt man „Gärung". Und nach dem Gärprozess haben wir „Jungbier".

7 Das Jungbier kommt in Lagertanks. Dort verwandelt sich der Restzucker auch noch in Alkohol. Lagertanks stehen unter Druck, denn bei der Gärung entsteht neben Alkohol auch Kohlenstoffdioxid. Und das soll als Kohlensäure im Bier bleiben. Zwei Wochen bis drei Monate – je nach Sorte – bleibt das Bier im Lagertank. Dann ist das Bier fertig.

8 Zum Schluss füllen wir das Bier in Dosen, Fässer oder wie hier in Flaschen. Das Bier ist jetzt trinkbar. Die Biere in Deutschland haben heute meistens zwischen 4,5 Prozent und 6 Prozent Alkohol. Manche Biersorten, zum Beispiel das Weißbier, gären noch in der Bierflasche. Das nennt man dann „Flaschengärung". Wir sind jetzt am Ende unserer Führung angekommen. Haben Sie noch Fragen?

17 Welche Informationen im Text waren neu für Sie? Berichten Sie im Kurs.

Ich habe noch nicht gewusst, dass …
Für mich ist neu, dass …

Hier geht's um die Wurst

18 **Lesen Sie die Aussagen von vier Personen über ihre Lieblingswürste und machen Sie Notizen.**

„Wenn ich Würstchen esse, dann gerne ein Frankfurter Würstchen. Am liebsten mit Senf und selbst gemachtem Kartoffelsalat. Die Frankfurter sind aus reinem Schweinefleisch und geräuchert. Daher kommt auch ihr typischer Geschmack. Sie dürfen nicht kochen, man erhitzt sie nur. Sonst platzen sie."

„Ich esse am liebsten Nürnberger Rostbratwürstchen. Die sind aus Schweinefleisch, nur ungefähr so lang wie mein Zeigefinger und auch nicht dicker. Ich liebe Majoran. Und in den Nürnberger Rostbratwürstchen ist als Gewürz viel Majoran drin. Am besten schmecken sie, wenn sie über Buchenholz gegrillt werden. Leider macht das so viel Rauch. Die Bratwurstbuden dürfen das nur noch in der Weihnachtszeit machen. Aber dann kaufe ich mir fast jeden Tag drei Nürnberger."

„Ich habe die Münchner Weißwurst erst vor ein paar Jahren kennengelernt, als ich in München zu Besuch war. Aber sie ist schnell meine Lieblingswurst geworden. Zuerst ist es ein bisschen schwierig beim Essen, weil man ja die Haut abmachen muss. Aber wenn man weiß, wie es geht, ist es kein Problem. Und man darf sie nur erhitzen, nicht kochen. Die Weißwurst hat einen tollen Geschmack. Da sind Petersilie, Zitrone, Ingwer, Kardamom und andere Gewürze drin. Das Fleisch ist hauptsächlich vom Kalb, ein bisschen Schweinespeck ist auch noch dabei, glaube ich. Und am besten schmeckt mir Weißwurst natürlich mit süßem Senf, einer Brezel oder „Brezn" und einem Weißbier."

„Lieblingswurst? Ich mag fast alle gegrillten Würste gern. Wenn ich auswählen kann, nehme ich aber oft eine Thüringer Rostbratwurst. Da ist hauptsächlich Schweinefleisch drin. Es darf, glaube ich, auch etwas Kalb- oder Rindfleisch hineinkommen. Die Gewürzmischung finde ich einfach lecker: Kümmel, Majoran und Knoblauch. Ich mag sie gern mit Senf im Brötchen. Und am liebsten mag ich sie, wenn sie schön gleichmäßig braun gegrillt ist und eine dunkle Kruste hat. Wenn ich daran denke, bekomme ich gleich Appetit ..."

Name: ______________________

Fleisch: ______________________

Gewürze: ______________________

gegrillt/erhitzt,

...

19 **Gibt es in Ihrer Stadt/Region auch spezielle Würste? Welche Zutaten sind in der Wurst? Was ist Ihre Lieblingswurst?**

Quiz

1 Die Stadt Flensburg
- ☐ A war im Zweiten Weltkrieg total zerstört.
- ☐ B liegt in der Nähe der dänischen Grenze.
- ☐ C hat einen Hafen an der Nordsee.
- ☐ D ist eine der 5 größten Städte in Deutschland.

2 In Jugendherbergen können nur Menschen übernachten,
- ☐ A die noch nicht 18 Jahre alt sind.
- ☐ B die beim Kochen und Tisch decken helfen.
- ☐ C die einen deutschen Pass haben.
- ☐ D die Mitglied einer Jugendherbergsorganisation sind.

3 Jugendherbergen gibt es

- ☐ A nur in Deutschland.
- ☐ B seit 1950.
- ☐ C nur auf dem europäischen Kontinent.
- ☐ D seit Anfang des 20. Jahrhunderts.

4 Diese Verben beschreiben Tätigkeiten bei der Käseproduktion:
- ☐ A erhitzen, rühren, duschen, drehen.
- ☐ B erhitzen, ziehen, baden, drehen.
- ☐ C kochen, rühren, backen, schneiden.
- ☐ D rühren, schneiden, drücken, drehen.

5 Im Schweizer Kanton Graubünden

- ☐ A fließt die Emme.
- ☐ B produziert man in Käsereien in den Bergen den Piz Bever.
- ☐ C sind viele Berge über 4000 m hoch.
- ☐ D produziert man den Appenzeller Käse.

6 „Schweizer Käse" nennen die Deutschen

- ☐ A jeden Käse, der aus der Schweiz kommt.
- ☐ B oft den Emmentaler Käse.
- ☐ C Sbrinz und Appenzeller.
- ☐ D Käse, der aus Graubünden kommt.

7 In Deutschland

- ☐ A trinkt man Bier seit 1516.
- ☐ B gibt es seit mindestens 5000 Jahren Bier.
- ☐ C gibt es etwa 5000 Biersorten.
- ☐ D darf jeder pro Tag nur 0,33 Liter Bier trinken.

8 Das bayerische Reinheitsgebot erlaubt für die Herstellung von Bier nur

- ☐ A Gerste, Hopfen und Wasser.
- ☐ B Gerste, Hopfen, Hefe und Wasser.
- ☐ C Wasser, Weizen und Hopfen.
- ☐ D Kräuter, Gerste, Hopfen und Wasser.

9 Münchner Weißwurst und Frankfurter Würstchen

- ☐ A sind Bratwürste.
- ☐ B gibt es nur in der Weihnachtszeit.
- ☐ C dürfen nicht kochen.
- ☐ D kann man erst essen, wenn die Haut weg ist.

10 Nürnberger und Thüringer Rostbratwürste

- ☐ A sind in Größe und Geschmack unterschiedlich.
- ☐ B sind vom Geschmack gleich.
- ☐ C sind nur in der Größe verschieden.
- ☐ D grillt man, bis sie schwarz sind.

Die Frauenkirche in Dresden

1 Lesen Sie die Texte (A–D) und ordnen Sie sie in der zeitlichen Reihenfolge. Ordnen Sie dann die Bilder (1–4) zu. Zu einem Text gibt es kein Bild.

1

☐ **B** ____________________

Schon im 12. Jahrhundert gab es im Zentrum von Dresden, da, wo heute die Frauenkirche wieder steht, eine Kirche. Zu Anfang des 18. Jahrhunderts war sie aber nicht mehr sicher. Deshalb wurde der Architekt George Bähr mit der Planung einer neuen Kirche beauftragt. 1726 genehmigte die Stadt Bährs Plan und man begann mit dem Bau. Bis 1743 dauerten die Bauarbeiten. Bähr starb 1738 und ein anderer Baumeister leitete die letzte Bauphase. Zweihundert Jahre lang war die Frauenkirche ein charakteristisches Element im Stadtbild von Dresden. Sie war über 91 Meter hoch und ihre Kuppel etwa 12 000 Tonnen schwer.

Bild(-er): ___ ___

2

☐ **A** ____________________

1990 veröffentlichte man eine Bitte um Spenden für den Wiederaufbau der Frauenkirche. Ungefähr 115 Millionen Euro kamen aus der ganzen Welt zusammen. Den Rest der Kosten (ca. 65 Millionen Euro) bezahlten öffentliche Stellen wie z. B die Stadt Dresden. 1993 konnten die Arbeiten beginnen. Zuerst wurden die Trümmer katalogisiert. Dann wurde mithilfe von speziellen Computerprogrammen der Originalplatz der Steine in den Mauern der Frauenkirche berechnet. 1994 begann dann der Wiederaufbau. Viele der Trümmersteine konnten wieder eingebaut werden. Auch die Ruinenteile, die 1945 stehen geblieben waren, konnte man in den Neubau integrieren. Man kann sie an der dunkleren Farbe erkennen. Für die Kuppel verwendete man aber nur neue Sandsteine. 2005 war die neue Frauenkirche fertig. Die neuen hellen Steine werden mit der Zeit auch dunkel werden. Dann kann man die neuen und alten Steine nicht mehr unterscheiden.

katalogisieren = etwas mit Informationen in eine Liste schreiben
Trümmer, die (*Pl.*) = Teile von einer kaputten Sache
Ruine, die, -n = kaputtes/zerstörtes Gebäude
Kuppel, die, -n (siehe Bild 3)

Bild(-er): ___ ___

☐ C ____________________

Über 40 Jahre lang blieb die Frauenkirche als Ruine in der Innenstadt. Viele kamen zur Ruine und erinnerten sich an die Menschen, die beim Luftangriff von 1945 gestorben waren. Die Ruine wurde zu einem Symbol für die Zerstörung Dresdens und die Schrecken des Krieges. Die DDR erklärte sie 1966 offiziell zu einem Mahnmal gegen den Krieg. Am 13. Februar 1982 trafen sich hier zum ersten Mal junge Menschen mit Kerzen. Sie demonstrierten still für Frieden in der Welt. Die Frauenkirche wurde ein Symbol der Friedensbewegung in Ostdeutschland, ein Ort des gewaltfreien Protests.

Mahnmal, das, -e = ein Denkmal, das an etwas erinnern und vor etwas warnen soll

Bild(-er): ___ ___

③

④

☐ D ____________________

Kurz vor dem Ende des Zweiten Weltkrieges gab es in der Nacht vom 13. auf den 14. Februar 1945 einen Luftangriff durch britische und amerikanische Flugzeuge. Große Teile der Innenstadt waren völlig zerstört oder brannten. Die Frauenkirche stand noch, aber auch sie brannte. Am 15. Februar morgens konnte sie die schwere Kuppel nicht mehr tragen und stürzte ein. Die Frauenkirche war nur noch eine Ruine.

Bild(-er): ___ ___

2 Ergänzen Sie die Zeittafel und geben Sie den Textabschnitten Überschriften.

Wiederaufbau • Zerstörung • Bau

1726–1743 ____________________

1945 ____________________

1994–2005 ____________________

Mehr Informationen gibt es im Internet auf den Seiten der Stadt Dresden und der Frauenkirche.

3 Gibt es in Ihrer Stadt/Region auch Bauwerke, die historisch wichtig sind, die eine besondere Funktion haben oder die ein Symbol für etwas sind? Berichten Sie.

Es war einmal ... Die Brüder Grimm

4 Ein Germanistikstudent übt mit seiner Freundin für eine Prüfung. Lesen Sie den Dialog und ergänzen Sie die Verben.

verändert • wollten • erzähle • beschreiben • hat • gemacht • erzählten • gesammelt

Ich habe die Aufgaben der letzten Prüfung schon bearbeitet. Kannst du mir die Aufgaben noch einmal mündlich stellen? Ich ____________________ dir dann, was ich dazu weiß.

In Ordnung. Also: „Nennen Sie zwei wichtige Bücher der Brüder Grimm und ____________________ Sie den Inhalt."

Die „Deutsche Grammatik", die Jacob Grimm geschrieben ____________________. 1819 bis sechs, nein, siebenunddreißig war das. Das ist keine Grammatik, wie wir sie heute kennen. Jacob Grimm beschreibt in dem Buch, wie sich in der Sprachgeschichte die Laute – also Vokale und Konsonanten – ____________________ haben.

Und dann das große „Deutsche Wörterbuch". Die Brüder Grimm haben 1838 damit angefangen. Bis zu ihrem Tod haben sie aber nur die Stichwörter „A" bis „Frucht" geschafft. Erst 1960 war das Wörterbuch mit dem 32. Band komplett. Die Brüder Grimm ____________________ den schriftlichen Gebrauch des Deutschen vom 15. Jahrhundert bis in ihre Zeit dokumentieren und haben für jedes Stichwort Textstellen gesammelt.

Wie man so etwas ohne Computer ____________________ hat, ist mir ein Rätsel. O.K., hier die zweite Aufgabe: „Beschreiben Sie, wie die „Kinder- und Hausmärchen" der Brüder Grimm entstanden sind."

Von anderen Autoren der Romantik kam die Idee, Märchen zu sammeln. Im Vorwort der „Kinder- und Hausmärchen" von 1812 schreiben Jacob und Wilhelm Grimm, dass es immer weniger Menschen gab, die Märchen ____________________ und dass sie die Märchen deshalb ____________________ und aufgeschrieben haben. Besonders Wilhelm hat die Märchen aber auch geändert.

5 Welche Merkmale haben Märchen? Sammeln Sie im Kurs.

„Es war einmal ..." Tiere können ... In Märchen gibt es oft ...

6 Klären Sie die Wörter mit dem Wörterbuch.

Stroh • Strohhalm • Kohle • Bohne • Herd • glühen • Asche • Brei • Rauch • umbringen • entkommen • Bach • rauschen • zerbrechen • zischen • sterben • platzen • Schneider • Nadel • Faden • nähen • Naht

7 Lesen Sie das Märchen aus den „Kinder- und Hausmärchen" der Brüder Grimm (1812) und sehen Sie sich die Bilder an. In jedem Bild ist ein Fehler. Was ist falsch?

Strohhalm, Kohle und Bohne*

In einem Dorf wohnte eine arme alte Frau, die wollte ein paar Bohnen kochen. Also machte sie Feuer im Herd. Damit es schneller ging, legte sie etwas Stroh ins Feuer. Dann warf sie die Bohnen in einen Topf. Eine Bohne fiel auf den Fußboden direkt neben einen Strohhalm. Und dann sprang eine glühende Kohle aus dem Feuer dazu. Der Strohhalm fragte: „Wo kommt ihr denn her?" Die Kohle antwortete: „Ich bin aus dem Feuer gesprungen, sonst wäre ich jetzt tot. Ich wäre nur noch Asche." Die Bohne sagte: „Ich habe auch Glück gehabt. Wenn die Alte mich in den Topf geworfen hätte, wäre ich jetzt Brei wie meine Freunde." Und das Stroh sprach: „Alle meine Brüder hat die Alte zu Feuer und Rauch gemacht. Sechzig hat sie auf einmal umgebracht. Aber ich konnte entkommen." „Was sollen wir jetzt machen?", fragte die Kohle. „Ich meine", antwortete die Bohne, „weil wir alle Glück gehabt haben, sollten wir zusammenhalten. Aber hier kann schnell ein neues Unglück geschehen. Wir sollten zusammen auswandern und in ein fremdes Land ziehen."
Der Vorschlag gefiel den beiden anderen und sie machten sich zusammen auf den Weg. Bald kamen sie an einen kleinen Bach. Weil keine Brücke da war, wussten sie nicht, wie sie auf die andere Seite kommen sollten. Da sagte der Strohhalm: „Ich will mich über den Bach legen, dann könnt ihr auf mir wie auf einer Brücke hinübergehen." Der Strohhalm legte sich also über den Bach und die glühende Kohle ging mutig auf die neue Brücke. Als die Kohle aber in der Mitte war und das Wasser unter ihr rauschte, hatte sie doch Angst. Sie blieb stehen und wollte nicht mehr weitergehen. Der Strohhalm fing an zu brennen, zerbrach in zwei Stücke und fiel in den Bach. Die Kohle fiel auch in den Bach, zischte noch, als sie ins Wasser kam und starb. Die Bohne aber war noch am Ufer geblieben und musste über die Geschichte lachen, konnte nicht aufhören und lachte so sehr, dass sie platzte. Das wäre auch ihr Ende gewesen, wenn nicht zu ihrem Glück ein Schneider vorbeigekommen wäre. Er nahm Nadel und Faden und nähte die Bohne wieder zusammen. Die Bohne bedankte sich bei ihm, aber weil der Schneider schwarzen Faden genommen hatte, haben alle Bohnen seitdem eine schwarze Naht.

* Das Märchen ist eine vereinfachte Version des Originals.

8 Erzählen Sie das Märchen aus der Perspektive der alten Frau, der Bohne oder des Schneiders.

Weitere Informationen zu den Brüdern Grimm finden Sie im Internet auf den Seiten „Brüder-Grimm-Museum Kassel", „Deutsche Märchenstraße" oder „Das Deutsche Wörterbuch".

Zwei Romantiker

9 Ein Referat über E. T. A. Hoffmann: Lesen Sie die Stichpunkte und den Anfang des Referats und vergleichen Sie.

E. T. A. Hoffmann
- *Romantiker*
- ** 1776 Königsberg, † 1822 Berlin*
- *Beruf: Jurist*
- *Talente: komponieren, schreiben und zeichnen neben der Arbeit*
- *„Doppelleben" Arbeit/Kunst*
- *Romantik 2 x: Oper und Literatur*

„Ich darf euch heute E. T. A. Hoffmann vorstellen, einen Romantiker. Er ist 1776 in Königsberg geboren und 1822 in Berlin gestorben. Hoffmann war Jurist von Beruf und hatte mehrere Talente. Er hat viele Jahre neben seiner juristischen Arbeit Musik komponiert, geschrieben und gezeichnet. Hoffmann führte also ein „Doppelleben" zwischen Arbeit und Kunst. Für die Romantik ist er doppelt wichtig, weil er eine der ersten romantischen Opern komponiert hat und weil er in der Literatur zu den wichtigsten Vertretern der Romantik gehört."

10 Arbeiten Sie zu zweit (A und B). Lesen Sie die Stichpunkte zu Hoffmann, klären Sie die unterstrichenen Wörter und berichten Sie Ihrem Partner in vollständigen Sätzen.

A *Musik*
- *Vornamen eigentlich: Ernst Theodor Wilhelm*
- *mag Mozart sehr > ändert 3. Vornamen in „Amadeus"*
- *komponiert Instrumentalmusik, Lieder und Opern*
- *versucht, als Komponist zu leben: funktioniert nicht*
- *komponiert erste romantische Oper: „Undine"*
- *Inhalt: Ritter verliebt sich in weiblichen Wassergeist (Undine)*
- *erste Aufführung: 1816 Berlin*

B *Literatur*
- *schreibt zuerst Musikkritiken*
- *sieht sich als Komponist, veröffentlicht deshalb erst spät literarische Texte*
- *erster Erfolg 1814/1815: Sammlung mit Erzählungen*
- *Texte: unheimlich, handeln von Zauberei, Maschinenmenschen, intelligenten/sprechenden Tieren, dem Teufel, anderen Fabelwesen*
- *wiederholtes Thema: fremde/böse Macht lenkt Menschen*
- *Leser weiß nicht: unheimliches Geschehen = real oder nur Fantasie einer Figur*

Informationen im Internet: „E. T. A. Hoffmann-Gesellschaft e. V.", Texte: „Projekt Gutenberg"

11 Beschreiben Sie das Bild: Was ist zu sehen? Versuchen Sie dann zu beschreiben, was Sie fühlen, wenn Sie es ansehen.

Caspar David Friedrich: Klosterfriedhof im Schnee, 1819 Dieses Bild wurde im Zweiten Weltkrieg zerstört. Das Original war farbig. Heute gibt es von diesem Gemälde nur noch Schwarz-Weiß-Fotografien.

Romantik
„Romantik" nennt man in der Kulturgeschichte eine Epoche vom Ende des 18. Jahrhunderts bis Mitte des 19. Jahrhunderts, die sich in der Literatur, der Malerei und der Musik dieser Zeit zeigt. Man beschäftigte sich nicht mehr (wie in der Epoche der „Klassik") mit den Idealen und Themen der Antike, sondern mit der eigenen Kultur und Geschichte, besonders mit dem Mittelalter. Die Romantiker thematisierten das Gefühlsleben und das Fantastische, Übernatürliche. Entdeckt wurde auch die „Nachtseite" des Gefühlslebens: Melancholie, Wahnsinn, Schuld, Bedrohung und Tod.

12 Lesen Sie den Text über C. D. Friedrich und ergänzen Sie die Wörter.

Realität • Maler • Kunstakademien • Unendlichkeit • Jahre • Spiegel • Gemälde • Rücken

Caspar David Friedrich

Friedrich ist einer der wichtigsten ________________ der deutschen Romantik. Seine Bilder zeigen häufig Landschaften. Friedrich ist 1774 in Greifswald geboren. Er besuchte die ________________________________ in Kopenhagen und Dresden. Friedrich malte sehr genau, veränderte und verbesserte seine ________________ immer wieder. Für manche Bilder benötigte er deshalb ________________. Viele seiner Gemälde sehen aus wie nach der Natur gemalt. Tatsächlich aber zeigen seine Bilder eine künstlerische ________________. Friedrich sah die Natur als ________________ für menschliche Gefühle, Sehnsüchte und für religiöse Themen. Die Menschen auf Friedrichs Bildern stehen meistens mit dem ________________ zum Bildbetrachter. Viele seiner Gemälde vermitteln eine große Weite, den Eindruck von ____________________________. Friedrich starb 1840 in Dresden.

13 Suchen Sie in der Bibliothek oder im Internet nach weiteren Bildern Caspar David Friedrichs und beschreiben Sie sie.

Bekannte Bilder sind: *Kreidefelsen auf Rügen, Das Eismeer, Der Wanderer über dem Nebelmeer.*

Berühmte Frauen – Berühmte Männer

14 **Welche berühmten Frauen und Männer kennen Sie aus Ihrem Land? Sammeln Sie im Kurs.**

15 **Aus welchen Bereichen kommen diese Personen?**

Politik • Geschichte • Sport • Musik • Film • Literatur • Naturwissenschaften • Geisteswissenschaften • Medizin • …

16 **Hier finden Sie vier berühmte Frauen und Männer aus Österreich. Klären Sie die markierten Wörter, lesen Sie die Texte und ordnen Sie die Bereiche den Personen zu.**

Bertha von Suttner ist als Gräfin Kinsky 1843 in Prag geboren. Sie arbeitete ab 1873 als Erzieherin bei Karl von Suttner in Wien, unterrichtete seine Töchter in Musik und Sprache und verliebte sich in den jüngsten Sohn Suttners: Arthur. Die Eltern Arthurs waren gegen die Verbindung mit der sieben Jahre älteren Bertha und entließen sie 1876. Sie besorgten ihr aber eine Stelle als Privatsekretärin bei Alfred Nobel in Paris. Bertha arbeitete nur wenige Tage für Nobel, kam zurück nach Wien und heiratete Arthur ohne Wissen seiner Eltern. Er wurde enterbt und die beiden gingen für mehrere Jahre nach Georgien. Bertha schrieb in dieser Zeit mit Erfolg Kurzgeschichten und Essays. 1885 kehrte das Paar nach Wien zurück. Die Familie Suttner nahm sie wieder auf und Bertha und Arthur zogen auf ein Schloss in Niederösterreich. Mit 46 Jahren veröffentlichte Bertha von Suttner 1889 den Roman „Die Waffen nieder!" In dem Buch thematisierte sie die Schrecken des Krieges. Das Buch wurde ihr größter literarischer Erfolg und sie zu einer weltweit bekannten Pazifistin. Ein Zitat aus dem Buch: „Keinem vernünftigen Menschen wird es einfallen, Tintenflecken mit Tinte, Ölflecken mit Öl wegwaschen zu wollen. Nur Blut soll immer wieder mit Blut abgewaschen werden." Sie war Teilnehmerin bei mehreren internationalen Friedenskongressen und erhielt 1905 als erste Frau den Friedensnobelpreis. Sie warnte in ihren Schriften und auf verschiedenen Friedenskongressen vor den Gefahren der Aufrüstung und machte Vorschläge zur gewaltfreien Konfliktlösung zwischen Staaten. Bertha von Suttner starb 1914 kurz vor Ausbruch des I. Weltkrieges.

Sigmund Freud ist 1856 in Freiberg (Mähren, heute Tschechien) geboren. Nach seinem Abitur (Matura) studierte er ab 1873 an der Universität Wien und promovierte 1881 zum Doktor der Medizin. Dann trat er eine Stelle im Krankenhaus an. 1885 erhielt er eine Stelle an der Universität Wien und 1902 wurde Freud Professor. Er war Arzt und Psychologe. Er beschäftigte sich zuerst mit der Hypnose, später entwickelte er die Psychoanalyse und begründete damit ein neues medizinisches Fach. Freud gilt als einer der einflussreichsten Denker des 20. Jahrhunderts. Er hat die Bedeutung der Persönlichkeit, der Gefühle und Konflikte für das menschliche Handeln nachgewiesen und sich mit Träumen beschäftigt. Eine seiner wichtigsten Entdeckungen ist der Einfluss des Unbewussten auf die Handlungen des Menschen. Nach dem Einmarsch der deutschen Truppen in Österreich musste Freud 1938 emigrieren, weil er Jude war. Im Exil in London starb Freud 1939 durch Freitod.

Klein, schmales Gesicht, dunkles Haar, Brille und eine bewegte Mimik, so beschrieb man **Gustav Mahler**. Er war Komponist und einer der berühmtesten Dirigenten seiner Zeit. Er veränderte das Musiktheater durch eine intensivere Probenarbeit und verlangte von den Sängern auch schauspielerische Leistungen. Mahler ist 1860 in Kalischt (Böhmen, heute Tschechien) geboren. Er studierte in Wien Klavier und Komposition. Er las sehr viel, hörte Volks-, Tanz-, Militär- und jüdische Musik. Alle diese Elemente findet man in Mahlers Kompositionen wieder. Seine Musik ist aber auch eng mit der österreichischen Landschaft verbunden. Mahler hat angeblich gesagt, als jemand das Gebirge bewunderte: „Sie brauchen gar nicht mehr hinzusehen – das habe ich schon alles wegkomponiert." 1911 dirigierte Mahler in New York sein letztes Konzert, er starb im gleichen Jahr in Wien.

Lise Meitner ist 1878 in Wien geboren. Mit 22 Jahren machte sie das Lehrerinnen-Examen für Französisch und die externe Abiturprüfung (Matura), weil Mädchen noch nicht auf das Gymnasium gehen durften. Sie studierte ab 1901 Physik, Mathematik und Philosophie an der Universität Wien und bekam 1906 ihren Doktortitel. In Berlin forschte sie ab 1907 mit dem Chemiker Otto Hahn zusammen. Meitner habilitierte sich 1922 als erste Frau an der Berliner Universität und wurde 1926 Professorin für experimentelle Kernphysik. Sie durfte aber ab 1933 in Berlin nicht weiter lehren, weil sie jüdische Vorfahren hatte. 1938 floh Meitner vor den Nationalsozialisten nach Schweden. Hahn schrieb ihr von seiner Entdeckung der Kernspaltung. Mit einem Kollegen zusammen formulierte Meitner die erste physikalische Theorie zur Kernspaltung. Eine Mitarbeit an der Atombombe lehnte Meitner ab, weil sie Pazifistin war und eine friedliche Nutzung der Kernspaltung wollte. 1960 zog Lise Meitner nach Cambridge, wo sie 1968 starb.

Lise Meitner und Otto Hahn

17 **Lesen Sie die Texte ein zweites Mal und suchen Sie nach Gemeinsamkeiten bei den vier Persönlichkeiten.**

Die Deutschen statistisch gesehen

18 Lesen Sie die statistischen Informationen A) – O) und raten Sie: Welche Information ist richtig? Vergleichen Sie Ihre Lösungen mit den Lösungen im Anhang.

A) Jeder fünfte Deutsche wohnt in
☐ Bremen. ☐ Nordrhein-Westfalen.

B) Jeder Siebte wohnt in
☐ Bayern. ☐ Mecklenburg-Vorpommern.

C) Jede zweite Frau und drei von fünf Männern, die 18 bis 26 Jahre alt sind, wohnen
☐ in einer Wohngemeinschaft. ☐ noch bei ihren Eltern.

D) Sechs von zehn Deutschen besitzen
☐ ein Motorrad. ☐ ein Auto.

E) Drei von zehn Deutschen haben
☐ einen Geschirrspüler. ☐ eine Bohrmaschine.

F) Sieben von zehn haben
☐ einen Fernseher. ☐ einen Hund.

G) Sieben von zehn Deutschen haben
☐ einen Computer. ☐ ein Handy.

H) Sechs von zehn haben
☐ einen Computer. ☐ einen Internet-Anschluss.

I) Drei von zehn Deutschen haben
☐ einen Internet-Anschluss. ☐ ein Handy.

J) Jeder vierte Deutsche
☐ raucht nicht. ☐ raucht.

K) Drei von fünf Männern und zwei von fünf Frauen haben
☐ Übergewicht. ☐ Untergewicht.

L) Jeder zweite Deutsche ist
☐ verheiratet. ☐ geschieden.

M) Verheiratete Männer sind
☐ 1,7 Jahre jünger als ihre Frauen. ☐ 2,8 Jahre älter als ihre Frauen.

N) Von den verheirateten Frauen haben sieben von zehn mindestens
☐ ein Kind. ☐ drei Kinder.

O) Jeder zwanzigste Deutsch spricht mit Freunden oder Bekannten
☐ über das Wetter. ☐ seine finanzielle Situation.

Aus dem Kontext gerissen

19 Lesen Sie die Ausschnitte aus Zeitungsartikeln. Tragen Sie ein, mit welchen Personen aus diesem Kapitel die Textausschnitte zu tun haben und worüber die Zeitungsartikel berichten.

Ⓐ

nur wenige Informationen zu seiner Person. Es gibt auch kein Bild von ihm. Aber er hat in Sachsen mehr als 10 weitere Kirchen und andere Bauwerke hinterlassen. Vergleichbare Arbeiten von europäischen Architekten oder Ingenieuren werden seit 2008 mit dem Preis ausgezeichnet. Die Preisverleihung findet an der Technischen Universität Dresden

Person: ________________ Thema: ________________

Ⓑ

Erzählungen" hatten am Samstag im Stadttheater ihre Premiere. Die „phantastische Oper" über den romantischen Schriftsteller und seine literarischen Figuren bekam minutenlangen Schlussapplaus. Die Inszenierung insgesamt wirkte sehr gefühlvoll und zugleich spielerisch. Besonders erwähnenswert ist die automatische Puppe Olympia, gesungen und gespielt von

Person: ________________ Thema: ________________

Ⓒ

bat tatsächlich Sigmund Freud um ein Treffen. Und der hat eine kurze Analyse bei dem Komponisten gemacht. Pünktlich zu seinem 150. Geburtstag 2010 kommt ein Film in die Kinos, der von diesem Treffen handelt. Die Geschichte: Seine Frau hatte eine Affäre mit Walter Gropius. Der schreibt seiner Geliebten einen Liebesbrief und adressiert ihn irrtümlich an den Komponisten.

Person: ________________ Thema: ________________

Ⓓ

am 10. Dezember wird er jedes Jahr an jemanden vergeben, der im vergangenen Jahr besonders viel für die Völkerverständigung, für die Abrüstung und den Frieden gemacht hat. 1905 ging der Preis zum ersten Mal an eine Frau. Sie war es vermutlich auch, die

Person: ________________

Thema: ________________

Ⓔ

nur 31 mal 25 Zentimeter groß, aber eines der wertvollsten Gemälde in der Romantiker-Ausstellung in Leipzig. Der 24-jährige Elektromechaniker möchte es als „Startkapital" für den Westen haben, denn er will aus der DDR ausreisen. Er stiehlt das Bild mitten am Tag: Am 4.2.1988 holt er das Gemälde in der Ausstellung aus seinem Rahmen und lässt einen Kunstdruck

Person: ________________

Thema: ________________

Fußball und Film

1 Lesen Sie den Text und ergänzen Sie.

Weltmeister • Bundesliga • nationale • 1974 • Wunder • Hamburg • psychologischen • Fußballnationalmannschaft • Frauen und Mädchen • DFB • Mannschaften • zweiten

Die Fußballnation

Über eine Million ______________________ spielen in Deutschland Fußball. Zusammen mit den Männern und Jungen sind mehr als 6,7 Millionen Menschen im Fußball aktiv (das sind mehr Menschen, als in Berlin, __________ und München leben). Ungefähr 8 % der Deutschen „kicken" in über 25 000 Vereinen und über 170 000 ______________. Organisiert sind sie im Deutschen Fußballbund. Der _____ ist der größte Sportverband in Deutschland und weltweit die größte ________ Organisation für eine Einzelsportart. Der DFB führt Turniere wie die „Deutsche Meisterschaft" (1. __________) durch und stellt die ________________________ zusammen. Dreimal wurde die deutsche „Nationalelf" bereits Fußballweltmeister: 1954, _____ und 1990. Den Sieg der bundesdeutschen Nationalelf 1954 bei der Fußballweltmeisterschaft bezeichnet man auch als „________ von Bern", weil der Sieg völlig unerwartet war. Man sagte danach in Deutschland: „Wir sind ______________" und „Wir sind wieder wer". Es entstand ein „Wir-Gefühl". Manche Wissenschaftler sprechen deshalb auch von der eigentlichen Geburtsstunde Deutschlands nach dem Zweiten Weltkrieg. 1974 war Deutschland Gastgeber der Fußball-WM und wurde zum ________ Mal Weltmeister. 1990 gelang es der Nationalelf zum dritten Mal, den Weltmeistertitel zu holen. Die Fußball-WM 2006 in Deutschland brachte einen neuen Aspekt des „Wir-Gefühls": das „Public Viewing". Seit der WM hat der englische Begriff einen Platz im deutschen Sprachgebrauch und in den Wörterbüchern gefunden. „Public Viewing" bedeutet die Übertragung von Sportveranstaltungen auf Großbildwänden und beschreibt neben dem technischen auch den sozialen und ____________________ Aspekt, wenn Unbekannte sich über den Sieg einer Mannschaft gemeinsam freuen oder gemeinsam über deren Niederlage traurig sind.

2 Sehen Sie sich das Bild an und lesen Sie die Bildunterschrift. Formulieren Sie Gedanken für die drei Fußballer.

Die deutsche Mannschaft kommt 1954 nach ihrem Weltmeisterschaftssieg mit dem Zug in Deutschland an.

3 **Klären Sie die markierten Fußball-Wörter und ordnen Sie die Kommentare den Situationen zu. Sprechen Sie die Kommentare mit viel Ausdruck.**

A Ein schöner Pass!

B Das war ein Foul! Sieht der das denn nicht?

C Das muss aber in der zweiten Halbzeit besser werden!

D Tor! Tooor! Toooor!

E Nein! Das gibt's doch nicht: Eigentor ...

F Das war kein Foul!

G Den hätte er doch halten müssen!

H Super gehalten!

Situation 1 Der Torwart hat einen Ball gehalten. ___

Situation 2 Der Schiedsrichter hat einem Spieler die gelbe (rote) Karte gezeigt. ___

Situation 3 Ein Spieler hat ein Tor geschossen. ___

Situation 4 Der Schiedsrichter macht nichts. ___

Situation 5 Die Mannschaft (Elf) hat in der ersten Halbzeit nicht so gut gespielt. ___

Situation 6 Ein Spieler hat den Ball ins eigene Tor geschossen. ___

Situation 7 Zwei Spieler haben sich den Ball gut zugespielt. ___

Situation 8 Der Torwart hat einen Ball nicht gehalten. ___

4 **Lesen Sie den Text und ergänzen Sie die fehlenden Wörter.**

„Das Wunder von Bern"

„Das Wunder von Bern" ist ein Spielfilm _______ dem Jahr 2003 von Regisseur Sönke Wortmann. _______ Film erzählt die Geschichte vom unerwarteten Sieg der deutschen Fußballnationalmannschaft 1954 bei der Fußball-Weltmeisterschaft _______ Bern. Der Film handelt aber auch von _______ Schwierigkeiten eines Familienvaters, der _______ Krieg war und der _______ elf Jahren Kriegsgefangenschaft _______ seiner Familie zurückkehrt. Er ist nicht mehr _______ respektierte Vater und „Chef" der Familie. Sein älterer Sohn Bruno kritisiert ihn und sein Verhalten _______ der Nazi-Zeit. _______ Tochter flirtet mit _______ britischen Besatzungssoldaten und sein jüngerer Sohn (den er bei seiner Rückkehr _______ ersten Mal sieht) hat einen Fußballspieler, Helmut Rahn, als „Ersatzvater". Der Film ist _______ reiner Sportfilm, sondern spiegelt auch _______ gesellschaftliche Situation vieler Familien in der Nachkriegszeit. Die verschiedenen Handlungen _______ Films werden durch _______ Freundschaft des Sohnes mit Helmut Rahn verbunden. Parallel zum Fußballsieg kommt der Vater _______ Film seiner Familie und seinem jüngsten Sohn wieder näher. Rahn schießt _______ entscheidende Tor im Endspiel der Fußballweltmeisterschaft und der Vater lernt, dass nicht nur „Disziplin" und „Ordnung" _______ der Familie wichtig sind. Der Film kam 2003 in _______ Kinos und hatte rund 3,68 Millionen Zuschauer. Er gewann mehrere nationale und internationale Preise.

5 **Lesen Sie den Text und vergleichen Sie mit den Informationen zu „Das Wunder von Bern“. Wie unterscheiden sich die Filme?**

„Deutschland. Ein Sommermärchen“

Sönke Wortmann durfte die deutsche Fußballnationalmannschaft von 2005 bis zum letzten Spiel der Nationalelf in der WM 2006 mit seinem Kameramann begleiten. Dabei hat er mehr als 100 Stunden Filmmaterial produziert. Aus diesem Material entstanden 108 Minuten Film. Am Anfang sieht man im Film, wie sich die Nationalelf auf die WM vorbereitet. Es folgen verschiedene WM-Episoden bis zur Abschlussfeier in Berlin, immer aus der Perspektive der Nationalmannschaft:

Filmszene aus „Deutschland – ein Sommermärchen“

Szenen in der Umkleidekabine, im Mannschaftsbus oder in den Hotelzimmern der Spieler, Ansprachen des Nationaltrainers Klinsmann, die Freudenfeiern, aber auch die große Enttäuschung der Spieler nach ihrer Niederlage im Halbfinale. „Deutschland. Ein Sommermärchen“ war zuerst als Fernsehdokumentation geplant, wurde aber ein Kinofilm. Er ist einer der erfolgreichsten Dokumentarfilme in Deutschland. Fast 4 Millionen Menschen sahen ihn im Kino. Als der Film im Fernsehen gezeigt wurde, sahen ihn sogar über 10 Millionen Zuschauer.

6 **Lesen Sie die Informationen zu Sönke Wortmann und ergänzen Sie.**

Sönke Wortmann (*1959 in Marl) ist ein bekannter und erfolgreicher deutscher Filmregisseur und -produzent. Wortmann wollte nach dem Abitur Fußball-Profi werden. Er spielte auch in der

2. _ _ _ _ _ _ _ _ _ _, gab aber seine Fußballer-Laufbahn auf und studierte. 1989 beendete er sein Regiestudium in München. Sein erster Kinofilm „Allein unter Frauen“ hatte 1991 Premiere. Mit „Der bewegte Mann“ (1994) kam sein erfolgreichster Film in die deutschen _ _ _ _ _ (über 6,5 Millionen Zuschauer). Weitere bekannte Filme von Wortmann sind: „Das Superweib“ (1998), „Der Campus“ (2003), „Die Päpstin“ (2008) und seine Fußballfilme „_ _ _ _ _ _ _ _ _ _ _ _ _ _ _ _ _“ von 2003 und „_ _ _ _ _ _ _ _ _ _ _ _. _ _ _ _ _ _ _ _ _ _ _ _ _ _“ von 2006.

Flagge zeigen

7 **Lesen Sie die Beiträge in einem Internetforum zum Thema „Flagge zeigen" und schreiben Sie einen eigenen Beitrag.**

Die Bundesflagge
Im Artikel 22 (2) des Grundgesetzes heißt es: „Die Bundesflagge ist schwarz-rot-gold."
Die Farben der Bundesflagge beziehen sich auf die Uniformen der Freiwilligen unter Major von Lützow, die 1813 gegen die Besatzung Deutschlands durch Napoleon gekämpft haben. Sie trugen schwarze Uniformen mit roten Kanten und goldfarbenen Knöpfen. Oft werden die Farben der Bundesflagge auf dem historischen Hintergrund der Befreiungskriege so interpretiert: aus der Schwärze (schwarz) der Knechtschaft durch blutige (rot) Schlachten ans goldene (gold) Licht der Freiheit.

Mail | Home | Search | Bookmarks | Yellow Pages | WebMail | Find Sites

laolammzehn: Schon jetzt, ein paar Wochen vor der Fußball-WM 2010 sehe ich die Deutschland-Flaggen an den Autos. Ich finde das ja nicht so gut. Ist das nicht sogar verboten?

heimspiel09: Ich weiß, dass die deutsche Flagge (schwarz-rot-gold) nicht verboten ist. Ich finde es aber auch gut, dass viele „Flagge zeigen" und damit ihre Sympathie für unsere Nationalelf ausdrücken. Ich habe nur manchmal Angst, dass mir so eine Fahne auf der Autobahn vor die Windschutzscheibe fliegt ...

paragrafenreiter: @ heimspiel09: Die Flaggen und anderen Fan-Artikel müssen am Auto so angebracht werden, dass die Verkehrssicherheit nicht gefährdet ist. Z. B. darf die Sicht des Fahrers nicht eingeschränkt sein. Schäden bezahlt die Versicherung nur dann, wenn alles richtig festgemacht ist. Vor Autobahnfahrten sollte man aber die Fahnen u. Ä. abnehmen, weil sich bei höherer Geschwindigkeit Teile lösen können. Wenn sich tatsächlich etwas löst, muss der Fahrer zahlen ...

digicam: Hi Leute,
habe eben ein Auto gesehen mit 7 (!!!) Deutschlandflaggen: eine große Fahne quer über der Motorhaube, 2 vorne links und rechts wie bei einem Auto von einem Staatschef, 2 auf dem Dach und 2 hinten jeweils links und rechts. Hatte leider meine Kamera nicht zur Hand ... Habt ihr Flaggen am Auto? Wie viele?

papa2000: @ digicam: Ich habe nur zwei am Auto, aber auch nur, wenn mein Sohn (10) mitfährt. Der ist im Fußballverein und wenn ich ihn zum Training fahre, muss ich die Flaggen unbedingt vorher dranmachen ... Aber wenn ich zur Arbeit fahre, habe ich die Dinger im Kofferraum. Klar freue ich mich, wenn wir die WM gewinnen, aber man muss ja auch nicht übertreiben ...

jogimachts: Also ich finde, dass wir alle ein bisschen mehr Nationalstolz zeigen könnten. Ich hab vier Flaggen am Auto ...

mitstil 2010: Das hört sich vielleicht blöd an, aber bei uns in der Firma z. B. sind es immer die gleichen Typen, die ihre Autos flaggen ... Ich warte jeden Tag auf der Autobahn nur darauf, dass so einem Idioten mit seiner Beflaggung bei 160 km/h was abfliegt und auf meine Motorhaube knallt – der muss dann nämlich zahlen ...

weltmeister2010: Ich stelle jetzt mal eine peinliche Frage, aber ich weiß es wirklich nicht: Was bedeuten die Farben (schwarz, rot, gold) unserer Flagge?

Von: ____________________

@ ____________________: ____

____

____

____

____

Document: Done (3.386 secs)

Wer hat's erfunden?

8 Im Text und auf dem Bild finden Sie fünf Dinge, die Menschen aus Deutschland, Österreich und der Schweiz erfunden haben. Welche sind es? Und was glauben Sie: Wann hat man diese Dinge erfunden?

Paul hat Nicole zum Frühstück eingeladen. Den Tisch hat er schon gedeckt. Die Getränke fehlen aber noch. Paul trinkt gerne Kaffee zum Frühstück. Nicole trinkt lieber Tee. Viel Tee. Paul hat gestern extra für sie eine Packung mit Teebeuteln gekauft. Schwarzen Tee. Normalerweise macht er seinen Kaffee mit der Kaffeemaschine: Er legt einen Kaffeefilter in die Maschine, füllt gemahlene Kaffeebohnen in den Filter, gießt Wasser in die Maschine und stellt sie an. Aber heute Morgen ist kein gemahlener Kaffee mehr da. Paul hat vergessen, neuen Kaffee zu kaufen. Zum Glück hat er noch Nescafé im Schrank. Den Wasserkocher hat er schon angestellt, weil er für Nicole den Tee macht. Er macht gleich eine ganze Kanne. Deshalb nimmt er auch drei Teebeutel. Und damit der Tee nicht kalt wird, füllt er ihn in eine Thermoskanne. Paul füllt etwas Nescafé in eine Tasse, begießt ihn mit heißem Wasser, tut noch ein Stück Würfelzucker dazu und rührt um. Dann setzt er sich mit der Zeitung an den Tisch, nimmt vorsichtig einen kleinen Schluck Kaffee und wartet auf Nicole.

9 Lesen Sie die Texte und ergänzen Sie die Erfindungen.

A

A In Dačice (Tschechische Republik, früher: Datschitz, Teil der österr. Monarchie), steht ein Denkmal. Es ist ein riesiger Würfel. Denn 1841 hat ein Österreicher hier den _ _ _ _ _ _ _ _ _ _ _ _ _ _ erfunden: Jacob Christoph Rad. Rad war seit 1840 Leiter einer Zuckerfabrik in Datschitz. Geboren ist Rad 1799 in Rheinfelden (Schweiz). Er heiratete 1839 Juliane Schill. Damals gab es Zucker nur in Form von (großen) Zuckerhüten. Man erzählt, dass seine Frau sich beim Kleinmachen eines Zuckerhuts in den Finger geschnitten hat und deshalb ihrem Mann gesagt hat, dass er sich etwas Besseres ausdenken soll. Das Ergebnis ist angeblich der _ _ _ _ _ _ _ _ _ _ _ _ _ gewesen, der 1844 patentiert wurde.

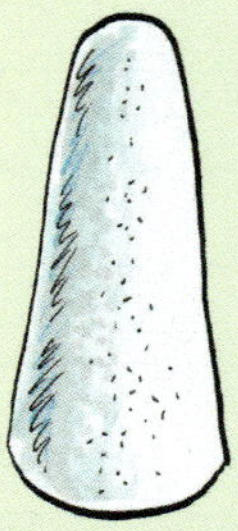

D

B Reinhold Burger wurde 1866 in Glashütte geboren. Mit Wilhelm Conrad Röntgen zusammen entwickelte Burger die „Röntgenröhre". Burger machte aber auch eine Erfindung für den Transport verflüssigter Luft (minus 194,5 Grad Celsisus) alltagstauglich: Er kombinierte ein Glasgefäß mit einem leichten und stabilen Metallgehäuse, setzte einen Korken und einen Trinkbecher auf die Flasche und gab ihr den Namen

„___ ___ ___ ___ ___ ___ ___ ___ ___ ___ ___ ___".

1903 ließ er sie patentieren. Die von Burger gegründete Firma warb für die

___ ___ ___ ___ ___ ___ ___ ___ ___ ___ ___ ___ ___ mit dem Versprechen, dass sie „ohne Vorbereitung, ohne Chemikalien, heiße Getränke 24 Stunden heiß, kalte Getränke auch an heißen Sommertagen ohne Eis tagelang eiskalt" hält.

D

C Melitta Bentz hat 1908 in Dresden mit einem Hammer und einem Nagel Löcher in einen Topf geschlagen. Sie hat ein Löschblatt von ihrem Sohn genommen und das Löschblatt

so geschnitten, dass es in den Topf passte: der ___ ___ ___ ___ ___ ___ ___ ___ ___ ___ ___ ___ war erfunden. Und der Kaffee, der in der Kanne ankam, war ohne Kaffeesatz! Bis zu der Erfindung von Melitta Bentz hat man gemahlenes Kaffeepulver meistens einfach ins kochende Wasser geschüttet. 1908 gründeten Melitta und Hugo Bentz ihre Firma und hatten großen Erfolg damit. Heute sind die Melitta-Werke weltweit die Nummer eins auf dem Markt für Kaffeezubehör.

Löschblatt oder Löschpapier, das = ein Papier, das Tinte schnell aufsaugen kann
Kaffeesatz, der (*Sg.*) = die Reste von gemahlenen Kaffeebohnen am Boden der Tasse

D

D Die Erfindung von Adolf Rambold besteht aus einem speziellen Papier,

einem Faden, einem Etikett und Tee: der ___ ___ ___ ___ ___ ___ ___ ___ ___ . Rambold faltete einen Papierstreifen zu einem Schlauch, knickte ihn und füllte ihn von beiden Seiten mit Tee. Die Enden des Schlauchs klappte er zusammen und verschloss sie mit einer Klammer. Der Beutel mit Tee war nicht neu, neu war aber das von Rambold verwendete Material, das den Geschmack des Tees nicht verändert. Rambold war Angestellter der Firma Teekanne, die 1929 auch

ihre ersten ___ ___ ___ ___ ___ ___ ___ ___ ___ auf den Markt brachte. Und Rambold entwickelte für die Firma auch eine Maschine, die die Beutel produzierte und füllte.

CH

E 1930 gab es in Brasilien zu viel Kaffee. Die brasilianische Regierung suchte bei der schweizerischen Firma Nestlé Rat, denn sie wollte den Kaffee gern konservieren. Nestlé hatte bis dahin Trockenmilchprodukte entwickelt. Acht Jahre forschte ein Team unter der Leitung von Max Morgenthaler für

Nestlé, bis der ___ ___ ___ ___ ___ ___ ___ entstand, ein Pulver, das man in Wasser auflösen kann und in dem Duft und Geschmack von Kaffee enthalten sind. Der Name für Morgenthalers Erfindung entstand aus den Wörtern „Nestlé" und „Café".

Ab 1938 konnte man ___ ___ ___ ___ ___ ___ ___ in der Schweiz kaufen.

Nationalparks

10 Lesen Sie die Texte. Welchen Nationalpark würden Sie gern besuchen? Warum?

Nationalparks
Nationalparks sind größere Gebiete auf dem Wasser oder auf dem Land, die vor Störung und Zerstörung durch den Menschen und vor Umweltverschmutzung geschützt werden. Oft sind es Gebiete, die ökologisch sehr wertvoll sind und/oder die eine besondere natürliche Schönheit haben. Sie sollen auch zukünftigen Generationen für Forschung, Schulung, Erholung und Besichtigung erhalten bleiben.

Der Nationalpark Donau-Auen

Die Donau ist der zweitlängste Fluss Europas. Sie entspringt im Schwarzwald und fließt ins Schwarze Meer. Im österreichischen Teil der Donau zwischen Wien und der Grenze zur Slowakei liegt der Nationalpark Donau-Auen mit etwa 36 km Länge. Die Donau hat hier Höhenunterschiede von bis zu 7 Metern. Das verändert immer wieder die Landschaft am Fluss. Die Auen (Flusslandschaften) bieten vielen Tieren und Pflanzen einen Lebensraum. Aber der Mensch hat diesen Lebensraum an der Donau seit dem 19. Jahrhundert stark verändert: Bäume wurden gefällt und es wurden Dämme gegen Hochwasser gebaut. Die Dämme trennten die Nebenflüsse von der Donau ab und ließen die Donau schneller werden. Gleichzeitig baute man viele Wasserkraftwerke an der Donau entlang. Als 1984 die letzten Auenwälder für ein weiteres Kraftwerk verschwinden sollten, haben viele Österreicherinnen und Österreicher dagegen demonstriert. Ohne den Protest würden die Auenwälder heute nicht mehr existieren. Das Wasserkraftwerk wurde nicht gebaut und 1996 wurden die Donau-Auen offiziell zum Nationalpark. Heute kommen jährlich über eine Million Besucher in die Donau-Auen und können eine vielfältige Natur beobachten, denn es gibt im Schutzgebiet z. B. mehr als 30 Säugetierarten, rund 60 Fischarten und über 100 Vogelarten. Auch bei den Pflanzen gibt es eine große Vielfalt: Mehr als 700 verschiedene wachsen im Nationalpark.

Das Wattenmeer

Das Wattenmeer der Nordseeküste umfasst drei Nationalparks, die zu den Bundesländern Niedersachsen, Hamburg und Schleswig-Holstein gehören. Große Teile davon gehören zum UNESCO-Weltnaturerbe Wattenmeer. Es ist das Gebiet mit den meisten Vögeln in Europa. Im Wattenmeer ist der Meeresboden bei Flut (hohes Wasser) mit Wasser bedeckt, bei Ebbe (niedriges Wasser) nicht. Deshalb kann man zweimal am Tag auf dem Meeresboden spazieren gehen (Wattwanderung). Der Wechsel von Ebbe und Flut lässt im Watt auch Wasserrinnen, so genannte Priele, entstehen (siehe Foto).

www.nationalpark-wattenmeer.de

www.nationalpark-wattenmeer.de

Die Halligen (das sind kleine Inseln) sind besonders charakteristisch für den Nationalpark Schleswig-Holstein. Dort gibt es Salzwiesen. Das sind Wiesen, die manchmal (bei Hochwasser) unter Wasser stehen. Weil das Meerwasser salzig ist, gibt es hier nur ganz spezielle Pflanzen. Die Halligen sind bei Hochwasser fast komplett von der Nordsee bedeckt. Dann sieht man nur noch die vom Menschen angelegten Hügel, auf denen die Häuser stehen.

11 Lesen Sie den Auszug aus der Nationalparkverordnung des Schweizer Nationalparks und formulieren Sie Gründe für die einzelnen Artikel.

Der Schweizer Nationalpark ist einer der ersten Nationalparks in Europa. Er wurde 1914 gegründet. Er liegt im Kanton Graubünden auf einer Höhe zwischen 1400 und 3174 Metern über dem Meeresspiegel. Das ca. 170 km² große Naturschutzgebiet besteht aus Wald (ca. ein Drittel), Wiesen (ca. 20%) und Flächen aus Stein (Fels), Schnee, Eis und Wasser.

Art. 3 Parkbesuch durch Jugendliche und Gesellschaften
Personen unter 15 Jahren dürfen den Park nur in Begleitung von Erwachsenen betreten. [...]

Art. 4 Jagd- und Fischereiverbot
Die Ausübung der Jagd und Fischerei ist auf dem Gebiete des Nationalparks verboten.

Art. 5 Andere Verbote
Es ist [...] verboten, im Nationalpark
a) Feuer zu machen, zu biwakieren* oder die ganze Nacht auf Parkplätzen zu verbringen, Abfälle und dergleichen wegzuwerfen, liegen zu lassen oder zu vergraben [...].

***biwakieren** = zelten, im Zelt / im Freien übernachten

Wildtiere auf vier Beinen

12 **Die Wildtiere auf den Bildern sind in Deutschland, Österreich und der Schweiz zu Hause. Welche davon gibt es auch in Ihrem Land? Wie heißen sie? Schreiben Sie den Namen in Ihrer Sprache unter die deutschen Namen.**

der Hirsch, -e  ________________	der Hase, -n  ________________	der Fuchs, ¨-e  ________________
 das Reh, -e ________________	das Wild-schwein, -e  ________________	das Eich-hörnchen, -  ________________

13 **Lesen Sie die Texte über die einzelnen Tiere und ergänzen Sie die fehlenden Tiernamen.**

Mit der Nase im Boden
„Schwarzwild" nennt man es auch. Das ___ ___ ___ ___-___ ___ ___ ___ ___ ___ ___ hat ein schwarzbraunes bis graubraunes Fell, einen großen Kopf und große Eckzähne. Es badet gern im Schlamm und sucht seine Nahrung (Wurzeln, Pilze, Kleintiere) meistens im Boden. Es kann 200 kg wiegen und hat deshalb auch fast keine Feinde im Tierreich.

Sammler mit schlechtem Gedächtnis
Im Herbst kann man es oft im Wald, in Parks und in Gärten sehen. Es trägt Eicheln oder Nüsse und versteckt sie für den Winter. Das ___ ___ ___ ___ ___ ___ ___ ___ ___ ___ ___ ___ ist klein, hat ein rotbraunes Fell, spitze haarige Ohren und einen langen haarigen Schwanz. Es kann schnell klettern und springen und hat sein Nest hoch in den Bäumen. Neben Samen, Blüten und Früchten stehen auch Eier, kleine Vögel und Insekten auf seinem Speiseplan. Im Winter sucht es nach den versteckten Nüssen, sucht und sucht …

„Bambi"
Das Männchen hat ein Geweih. Das Weibchen hat keins. Das ___ ___ ___ hat ein rotbraunes Fell, eine schwarze Nase und einen weißen Fleck am Kinn. Wald und Feld sind sein Lebensraum. Es ernährt sich von Pflanzen. Bei Auto- und Zugfahrten kann man es in vielen Regionen auch am Tag beobachten, meistens in kleinen Gruppen.

„Riese" mit Geweih
Seine Erkennungszeichen sind seine Größe und sein Geweih. Der ___ ___ ___ ___ ___ ___ ist eines der größten Tiere in den Wäldern. Er wird bis zu 2 Meter lang und seine Schulterhöhe liegt bei etwa 1,25 Meter. Sein Geweih ist bis zu 70 cm lang. Jedes Jahr verliert er es und dann wächst wieder ein neues. Weibchen tragen kein Geweih. Seine Nahrung sind Gras, Blätter und andere Pflanzenteile.

Spezialität: Weglaufen
Er frisst Kräuter, junge Pflanzen und Samen und er ist schnell: Er kann fast 2 m weit springen und blitzschnell die Laufrichtung ändern. 55 km/h erreicht der ___ ___ ___ ___, wenn er vor einem Feind wegläuft. Und er hat viele Feinde. Der Fuchs, andere vierbeinige „Räuber" und einige Greifvögel „mögen" ihn. Man erkennt ihn an seinen langen Ohren und den schwarzen Ohrspitzen.

Überlebenskünstler
Er hat schwarze Füße, ein rotes Fell, spitze Ohren und einen langen haarigen Schwanz mit einer weißen Spitze. Man sagt über ihn, dass er „schlau" ist. Der ___ ___ ___ ___ ___ lebt nicht nur im Wald. In fast jeder Landschaft kann er überleben. Denn er frisst fast alles. Er lebt auch häufiger in der Nähe der Menschen und sogar in Städten.

14 **Schreiben Sie einen kurzen Text über ein Tier, das in Ihrem Land vorkommt. Schreiben Sie mindestens je einen Satz zu Aussehen, Nahrung, Lebensraum und Besonderheiten.**

Wörterpuzzle

15 Lesen Sie die Sätze, sehen Sie sich die Bilder an und ergänzen Sie Wörter aus den Kapiteln A bis C. In den Puzzleteilen unten finden Sie alle Elemente, die Sie benötigen. Aber Achtung: Es sind mehr Puzzleteile, als Sie brauchen.

1. „Deutschland. Ein Sommermärchen“ von Sönke Wortmann ist ein ___ ___ ___ ___ ___ ___ ___ ___ ___ ___ ___ ___ ___ ___.
2. Die Frauenkirche in Dresden hat eine ___ ___ ___ ___ ___ ___ aus Stein.
3. Der ___ ___ ___ ___ ___ ___ ___ ___ ___ ___ ___ ___ ist eine Erfindung von Jacob Christoph Rad.
4. Ein Film über die Fußballweltmeisterschaft 1954 heißt „Das ___ ___ ___ ___ ___ ___ von Bern“.
5. Die Hälfte eines Fußballspiels nennt man eine ___ ___ ___ ___ ___ ___ ___ ___.
6. Die Jahre nach dem Zweiten Weltkrieg nennt man auch die ___ ___ ___ ___ ___ ___ ___ ___ ___ ___ ___ ___ ___ ___.
7. Eine ___ ___ ___ ___ ___ ___ ___ ___ ___ ___ ___ ___ ___ ___ ___ ___ ___ ___ nennt man auch die „Elf“ eines Landes.
8. Die Frauenkirche war nach 1945 nur noch eine ___ ___ ___ ___ ___.
9. Der ___ ___ ___ ___ ___ ___ ___ ___ ___ ___ ___ ___ ist eine Erfindung von Melitta Bentz.
10. Den Fußballer, der Tore verhindern soll, nennt man ___ ___ ___ ___ ___ ___ ___.
11. In einer ___ ___ ___ ___ ___ ___ ___ ___ ___ ___ ___ ___ bleiben Getränke heiß oder kalt.
12. Eine „Thüringer“ ist eine ___ ___ ___ ___ ___ ___ ___ ___ ___ ___ ___ ___ ___.

13. Das ___ ___ ___ ___ ___ ___ ___ ___ ___ ___ an der Nordsee ist ein Nationalpark.

14. Ein Märchen der Brüder Grimm heißt „Strohhalm, Kohle und ___ ___ ___ ___ ___“.

15. Die Donau-Auen sind ein ___ ___ ___ ___ ___ ___ ___ ___ ___ ___ ___ ___ in Österreich.

beutel	bohne	brat	dokumentar	ebbe	faden	film	filter	flut
gemälde	halb	hefe	hopfen	kaffee	kanne	kuppel	kriegs	malz
mann	meer	nach	nadel	national	national	park	richter	romantik
rost	ruine	schaft	schieds	tee	thermos	tor	wart	watten
wunder	wurst	würfel	zeit	zeit	zucker			

Stuttgarts Städtepartnerschaften

1 **Lesen Sie den Text und ergänzen Sie die Liste.**

Name:	Stuttgart
Bundesland:	Baden-Württemberg
Einwohner:	ca. 600000
Größe:	207,36 km²
Funktion:	Landeshauptstadt

Partnerschaften mit zehn Städten auf vier Kontinenten

Bei einer Städtepartnerschaft geht es oft um den Erfahrungsaustausch der Verwaltungen, aber auch um die Zusammenarbeit der Wirtschaft. Sinn und Zweck von Städtepartnerschaften ist es aber ebenso, dass die Einwohner der Städte sich über Grenzen hinweg begegnen. Der Austausch betrifft viele Bereiche: Bildung, Kultur, Soziales, Wirtschaft, Wissenschaft, Umwelt oder Sport. Schüler und Studenten, Vereine und Gruppen aller Art sollen die Möglichkeit bekommen, z. B. zusammen zu musizieren, Sport zu treiben und die Eigenheiten der jeweils anderen Stadt und des jeweils anderen Landes entdecken zu können.

Stuttgarts erste Städtepartnerschaft entstand 1948 mit St. Helens (nahe Liverpool) in Großbritannien. Der Oberbürgermeister von St. Helens besuchte Stuttgart 1948 und sah, wie zerstört die Stadt war und in welcher Not die Bewohner damals lebten. Er bot Stuttgart spontan Hilfe und ein Freundschaftsbündnis an. Ein Jahr später gab es den ersten Schüleraustausch zwischen den beiden Städten. 1955 folgte die Partnerschaft mit Cardiff (ebenfalls Großbritannien). Man hatte erkannt, dass Städtepartnerschaften einen wichtigen Beitrag zur Völkerverständigung leisten können, nicht nur unter den offiziellen Vertretern der Städte, sondern auch unter der Bevölkerung.

In den 60er-Jahren entstanden durch die Zusammenarbeit zwischen den USA und Europa einige Freundschaftsbeziehungen zwischen nordamerikanischen und europäischen Städten, so auch die Partnerschaft Stuttgarts zu St. Louis (Missouri) 1960. 1962 folgte die Städtepartnerschaft zur französischen Stadt Strasbourg (Straßburg). Die internationalen Partnerschaften Stuttgarts erweiterten sich in Richtung Indien durch die Partnerschaft mit Mumbai (1968) und zum afrikanischen Kontinent durch die Partnerschaften mit Menzel Bourguiba (Tunesien, 1971) und Kairo (Ägypten, 1979).

Als das Verhältnis zwischen Deutschland und den Staaten Mittel- und Osteuropas besser wurde, gab es auch erste freundschaftliche Kontakte einzelner Städte. Stuttgart gewann 1988 Łódź (Lodz, Polen), 1989 Brno (Brünn, Tschechische Republik) und 1992 Samara (Russische Föderation) als Partnerstädte hinzu.

Heute pflegt die baden-württembergische Landeshauptstadt partnerschaftliche Beziehungen zu insgesamt zehn Städten auf vier Kontinenten. Die vielen Aktivitäten im Rahmen der Partnerschaften zeigen das Interesse und Bewusstsein der Stuttgarter für Europa und die Welt.

Partnerschaft mit Stuttgart seit	Stadt	Land
1948	St. Helens	Großbritannien
1955		Großbritannien
1960	St. Louis	________
______	________	Frankreich
______	Mumbai	Indien
1971	Menzel Bourguiba	
1979	Kairo	
______	Łódź (Lodz)	
______	Brno (Brünn)	Tschechische Republik
1992		Russische Föderation

2 **Hat Ihre Stadt/Region auch eine Partnerschaft oder einen engeren Kontakt ins Ausland? Welche Form des Austausches gibt es? Wer kann daran teilnehmen?**

3 **Lesen Sie die E-Mail eines Stuttgarter Jugendgruppenleiters und ergänzen Sie die fehlenden Wörter.**

uns • keine • der • oben • leid • in • ein • dabei • wir • und • nach • von • weil • die • auf • war

Hallo Katharina,

tut mir ____ ____ ____ ____, dass ich mich erst jetzt wieder melde. Wir haben seit vorgestern ein paar Jugendliche aus Cardiff zu Besuch. Ich war doch mit meiner Gruppe vor zwei Monaten in unserer Partnerstadt. ____ ____ ____ jetzt ist die Gruppe aus Cardiff zum Gegenbesuch bei ____ ____ ____. Ich musste viel vorbereiten, aber jetzt läuft es. Die meisten aus den beiden Gruppen kannten sich ja schon ____ ____ ____ der Cardiff-Fahrt. Das hat den Anfang leichter gemacht, ____ ____ ____ ____ sie sich nicht erst kennenlernen mussten. Natürlich hatten wir gleich gestern ____ ____ ____ offizielle Begrüßung im Rathaus. Erst hatten die Jugendlichen ____ ____ ____ ____ ____ Lust, weil sie lieber gleich zusammen in die Stadt wollten, aber ____ ____ ____ ____ der Führung durchs Rathaus durften sie ____ ____ ____ den Rathausturm. Und den Blick von ____ ____ ____ ____ auf die Innenstadt fanden sie dann doch ganz schön. Für den Nachmittag hatten ____ ____ ____ ein Stadtspiel organisiert. Sie sollten in gemischt-nationalen Gruppen verschiedene Aufgaben lösen. Dafür mussten sie auch Menschen auf ____ ____ ____ Straße ansprechen, um Mithilfe bitten und ____ ____ ____ paar historische Daten herausfinden (z. B. dass Stuttgart 1219 zur Stadt wurde, dass Stuttgart sich 1948 als deutsche Hauptstadt beworben hatte oder dass Stuttgart einer der Austragungsorte der Fußball-WM 2006 ____ ____ ____). Abends haben wir uns alle ____ ____ der Jugendherberge getroffen, wo die Cardiffer Gruppe untergebracht ist. Wir haben die Ergebnisse des Spiels verglichen und uns die Fotos angesehen, die die Teilnehmer beim Stadtspiel gemacht haben. Das hat allen Spaß gemacht und auch unsere Gruppe hat ____ ____ ____ ____ ____ etwas gelernt ;-)

4 **Lesen Sie den Ausschnitt aus einem Formular und vergleichen Sie mit dem Jugendaustausch mit Cardiff. Gibt es Unterschiede?**

Sportkreisjugend Stuttgart

in Kooperation mit der Ogaki Amateur Sports Federation

Internationaler Jugendaustausch Stuttgart – Ogaki
16. Juni (Abflug) bis 26. Juni (Rückflug)
für Jugendliche von 16 – 21 Jahren

Ich melde mich zum Japan-Austausch vom 16. bis 26. Juni mit der Sportkreisjugend Stuttgart an. Ich werde am Vorbereitungsseminar teilnehmen und beim Gegenbesuch einen japanischen Gast 8–10 Tage in meiner Familie aufnehmen.

____
Name, Vorname

____
Verein
(Die Mitgliedschaft in einem Stuttgarter Sportverein ist Voraussetzung für eine Anmeldung.)

____
Adresse

____
E-Mail

____
Unterschrift des/der Erziehungsberechtigten
(bei Teilnehmern, die noch nicht 18 Jahre alt sind)

5 **Überlegen Sie gemeinsam: Was würden Sie gern in einem Seminar zur Vorbereitung auf einen Besuch einer deutschen Stadt lernen?**

Ehrenamt

6 Lesen Sie den Text zum Ehrenamt und die Liste von Tätigkeiten. Was glauben Sie: Welche sind Ehrenämter? Vergleichen Sie Ihre Lösungen.

Ehrenamt
Als Ehrenamt bezeichnet man eine freiwillige und unbezahlte Arbeit, die einen Dienst für die Gemeinschaft darstellt. Ehrenämter werden oft in den Bereichen Bildung, Familie, Gesundheit, Kirche, Kultur, Politik, Sport, Umwelt oder Wissenschaft geleistet. Für manche Ehrenämter bekommt man eine gesetzlich festgelegte finanzielle Entschädigung, aber keinen Lohn. Etwa jeder dritte Deutsche engagiert sich ehrenamtlich.

1. Wahlhelfer bei Bundestagswahlen
2. Politiker im Bundestag
3. Mitglied einer Freiwilligen Feuerwehr
4. Bürgermeister in einem kleinen Dorf
5. Helfer beim Deutschen Roten Kreuz
6. Soldat der Bundeswehr

7 Lesen Sie die Gesprächsabschnitte A – F und ordnen Sie das Gespräch. Zu welchen Abschnitten passt das Bild?

A ☐

C.: Neben dem Lesen? Was habt ihr denn noch gemacht?
S.: Viele Kinder müssen ganz früh aufstehen und mit dem Bus oder der U-Bahn zur Schule fahren. Dann haben sie einen langen Schultag. Und wenn du dich dann einfach hinsetzt und vorliest, können sie dir gar nicht richtig zuhören. Ich habe vor dem Vorlesen immer erst Entspannungs- oder Konzentrationsübungen gemacht. Und hinterher haben die Kinder oft etwas dazu gemalt oder gebastelt.
C.: Das hört sich alles wirklich gut an. Haben die Lesefüchse eine Homepage, auf der man sich informieren kann?
S.: Na, klar. Hast du Interesse?

B ☐

S: Was machst du in deiner Freizeit?
C: Ich bin bei der Freiwilligen Feuerwehr bei uns im Dorf.
S.: Hattest du auch schon mal einen Einsatz?
C.: Ja, mehrere. Brände, Autounfälle … Die Einsätze sind natürlich nicht schön, aber ich kann anderen ein wenig helfen. Und das ist ein gutes Gefühl. Machst du auch etwas ehrenamtlich?

C ☐

S.: An einer Grundschule mit einem hohen Anteil von Migrantenkindern. Es gibt einen Verein hier in München, die „Lesefüchse“. Der organisiert das.
C.: Das finde ich klasse. Wie bist du zu den Lesefüchsen gekommen?

S.: Ich habe in der Zeitung von dem Verein gelesen. Ich fand es eine gute Idee, Kindern vorzulesen, die Deutsch nicht als Muttersprache haben. Im Artikel stand auch, dass noch Vorleser gesucht werden, und dann habe ich mich gemeldet.
C.: Das machen doch bestimmt mehr Frauen als Männer, oder?

D ☐

S.: Die Kinder mögen es besonders, wenn die Polizisten ihnen Abenteuer- oder Krimigeschichten vorlesen.
C.: Das kann ich mir gut vorstellen. Bekommt man als Vorleser bei den Lesefüchsen eigentlich eine Schulung?
S.: Ja, natürlich. Ich hatte am Anfang auch eine. Man muss auch ein paar rechtliche und pädagogische Regeln kennen und manche brauchen auch ein paar Übungen für das Vorlesen. Später haben wir uns regelmäßig getroffen, um uns gegenseitig Tipps zu geben, zum Beispiel, was man neben dem Lesen noch mit den Kindern machen kann.

E ☐

S.: Im Moment nicht, weil ich beruflich zu viel zu tun habe. Aber ich habe mal Kindern vorgelesen. Wenn ich mehr Zeit hätte, würde ich das sofort wieder machen.

C.: Wo hast du vorgelesen?

F ☐

S.: Am Anfang waren es tatsächlich fast ausschließlich Frauen. Aber gerade für Jungen ist es sehr wichtig, dass ihnen auch Männer zeigen, dass Lesen Spaß machen kann. Wenn Vorbilder vorlesen, ist das eine wunderbare Motivation. Am Anfang haben deshalb zum Beispiel Fußballer oder der Oberbürgermeister vorgelesen. Und jetzt hat der Verein einige Polizisten, die bei bestimmten Aktionen mitmachen.

C.: Ich hätte das als Kind auch wunderbar gefunden, wenn ein Polizist mir vorgelesen hätte.

8 Wann hat Ihnen das letzte Mal jemand etwas vorgelesen? Wer? Was? Erzählen Sie.

9 Lesen Sie die E-Mail eines Helfers beim „Technischen Hilfswerk" und den Info-Text. Markieren Sie im Info-Text, welche Informationen auch in der E-Mail stehen.

Hallo Björn,

schön, dass du dich meldest.
Wenn ich die Not der Menschen hier sehe, merke ich erst, wie gut ich es zu Hause habe. Das Erdbeben hat auf Haiti so viel zerstört. Manche Menschen haben sich außerhalb der Camps Unterkünfte gebaut. Manchmal nur aus ein paar Holzstangen und Tüchern. Aber jetzt hat auch noch die Regenzeit begonnen …

Die Trinkwasser-Aufbereitungsanlage läuft. Aber sie steht an einem Fluss. Und die Wasserqualität im Fluss wird wegen der Regenzeit immer schlechter. Deshalb können wir nicht mehr so viel Trinkwasser produzieren. Es dauert länger, wenn das Flusswasser schlechter ist. Die anderen Camps und die Krankenhäuser brauchen aber mehr Wasser. Das Team vor uns hat bereits mit dieser Situation gerechnet und nach weiteren Möglichkeiten gesucht. Und sie haben eine geeignete Quelle gefunden. Dahin werden wir in den nächsten Tagen mit den Anlagen umziehen.

Der Einsatz ist eine echte Herausforderung. Aber es tut auch gut, sich nützlich zu fühlen. Und unser Einsatz bedeutet für die Menschen hier sehr viel. Man spürt, dass unsere Hilfe bei der Bevölkerung willkommen ist.
Danke auch für den Gruß von den Kollegen. Grüß sie ganz lieb zurück.

Bis bald

Kai

Das Technische Hilfswerk

Das Technische Hilfswerk (THW) gibt es seit 1950. Es ist eine Zivil- und Katastrophenschutzorganisation. Sein internationaler Name: German Federal Agency For Technical Relief. Vergleichbare Organisationen in anderen Ländern gibt es kaum. Das THW ist für den Schutz der Bevölkerung gegründet worden und setzt Helfer, Fahrzeuge, Geräte und Material ein, wenn die Feuerwehr, die Polizei oder die Rettungsdienste es benötigen. So hilft das THW bei vielen Unfällen, Unwettern, Hochwassern oder anderen (Natur-)Katastrophen. Rund 80 000 Menschen leisten in ihrer Freizeit beim THW ehrenamtlich technische Hilfe. Wenn andere Staaten (z. B. bei Erdbeben) Unterstützung benötigen, kann das THW innerhalb weniger Stunden weltweit Hilfe leisten. Es gibt spezielle Einheiten für die Rettung von Menschen und die Aufbereitung von Trinkwasser. Zusätzlich führt das THW aber auch langfristige Entwicklungs- oder Wiederaufbauprojekte im Ausland durch, z. B. im Bereich Brunnenbau.

10 Passt das Bild zur E-Mail oder zum Info-Text? Warum?

11 In welcher Organisation arbeiten Sie mit oder würden Sie ohne Bezahlung mitarbeiten?

Das Deutsche Museum in München

12 Lesen Sie den Text und ordnen Sie die Überschriften zu.

Die Sammlungen • Die Gebäude • Die Geschichte • Das Konzept

Museumsinsel, Deutsches Museum, München

A ______________________________

Oskar von Miller (ein deutscher Bauingenieur) gründete 1903 das „Deutsche Museum von Meisterwerken der Naturwissenschaft und Technik" in München. Der heutige Name: „Deutsches Museum". 1906 legte Kaiser Wilhelm II. den Grundstein für das Hauptgebäude auf einer Insel in der Isar. 1910 hatte das Museum bereits 27 000 Exponate gesammelt. Aber der Erste Weltkrieg verzögerte die Bauarbeiten und so konnte das Deutsche Museum erst 1925 feierlich eröffnet werden. Am Ende des Zweiten Weltkriegs trafen mehrere Fliegerbomben das Museum und es dauerte Jahrzehnte, bis das Museum wieder komplett hergestellt war.

Exponat, das, -e = Gegenstand, der in einem Museum ausgestellt wird

B ______________________________

Das Deutsche Museum auf der Museumsinsel ist ein Gebäudekomplex. Charakteristisch sind der 65 Meter hohe Turm, die Kuppel des Planetariums und die beiden Sternwarten. An das Hauptgebäude mit einem Großteil der Sammlungen hat man mehrfach angebaut. So wurde 1932 der Bibliotheksbau eröffnet und auch der Ehrensaal, in dem bedeutende Naturwissenschaftler, Techniker, Ingenieure und Industrielle als Büste oder auf Gemälden zu sehen sind. Der Museumshof dient auch als Ausstellungsfläche: Hier stehen z. B. eine Windmühle, Turbinen und ein Schiff. 1984 öffnete ein weiterer Anbau: die Luft- und Raumfahrthalle. Neben den Gebäuden auf der Museumsinsel gibt es drei weitere Standorte: die „Flugwerft Schleißheim" (seit 1992) mit einem Teil der Luftfahrt-Sammlung, das Verkehrszentrum (Verkehrsmuseum, seit 2003) und seit 1995, circa 550 Kilometer von München entfernt, das Deutsche Museum Bonn.

Planetarium, das, die Planetarien = Gebäude mit einer Kuppel, in der Bilder des Sternenhimmels gezeigt werden
Sternwarte, die, -n = Anlage zur Beobachtung der Sterne und Planeten
Büste, die, -n = Skulptur, die Kopf und Brust eines Menschen zeigt

C ______________________________

Durch die vielen wertvollen Ausstellungsstücke ist das Deutsche Museum eines der bedeutendsten naturwissenschaftlich-technischen Museen weltweit. Besondere Höhepunkte der Sammlungen sind zum Beispiel das erste serienmäßige Motorflugzeug der Gebrüder Wright, das erste deutsche U-Boot (U 1), das erste Auto von Carl Benz oder der erste Computer, die Z3, von Konrad Zuse. Mehr als 100 000 Objekte aus den Bereichen Naturwissenschaft und Technik hat das Museum heute, von ganz kleinen Objekten bis zu tonnenschweren Fahrzeugen wie Lokomotiven oder Flugzeugen. Etwa 25 % der Sammlungsobjekte kann man an den verschiedenen Standorten des Museums in den Ausstellungen sehen. Die Objekte stammen aus allen Zeiten menschlicher Erfindungen und Forschung, von der Steinzeit bis zur Gegenwart. Und auch die Themenbereiche der Sammlungen sind vielfältig: Zwischen A wie Astronomie und Z wie Zeitmessung enthalten die Sammlungen Objekte z. B. aus den Bereichen Brückenbau, Keramik, Musik, Pharmazie und Telekommunikation.

D ______________________________

Max Planck (deutscher Physiker und Nobelpreisträger) sagte 1925 in seiner Rede zur Eröffnung des Museums, dass ein „vertieftes Verständnis für den erreichten Stand der Technik [...] aus der Kenntnis der historischen Entwicklung und der frühen Anfänge" entsteht. Heute besuchen jährlich etwa eine Million Menschen das Deutsche Museum und können dort nicht nur die Objekte ansehen, sondern viele Dinge tatsächlich „begreifen", denn es gibt eine Vielzahl an interaktiven Exponaten, mit denen man z. B. physikalische Gesetze erfahren kann. Das Museum bietet viele Vorführungen und Führungen an und hat ein umfangreiches Bildungsangebot für Schulen und interessierte Laien, aber auch für Experten aus den verschiedensten Bereichen.

13 **Wählen Sie ein Foto aus dem Deutschen Museum aus und formulieren Sie Ideen: Was ist das? Was passiert hier? Was kann man damit machen?**

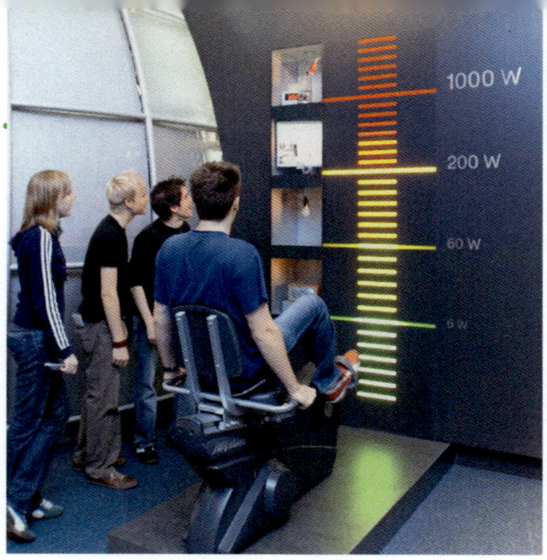

A ____________________

B ____________________

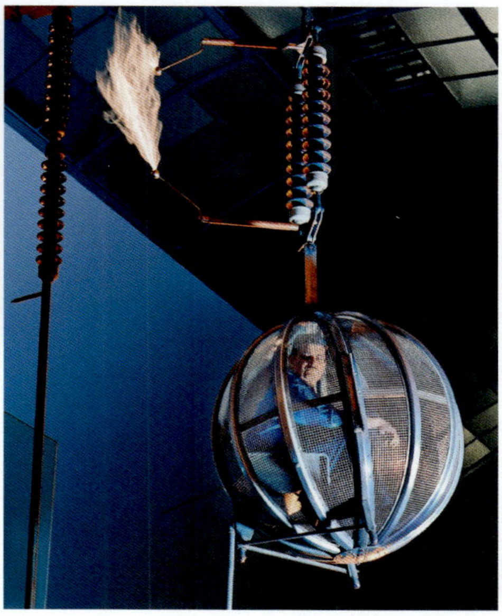

C ____________________

14 **Lesen Sie den Chat und beschriften Sie die Fotos aus Aufgabe 13.**

moni Hallo Bettina, wie war´s in München?

betti Hallo Monika, war super. Die Kinder waren total begeistert – wir natürlich auch. Aber jetzt sind wir ziemlich k.o. – einen Tag lang im Museum ...

moni Ich weiß, im Deutschen Museum kann man mehrere Tage verbringen. Was hat meinem Patenkind denn am besten gefallen?

betti Philip fand die Hochspannungsanlage am besten. Wir haben uns die Vorführung angesehen. Philip hat gleich gefragt, was er da machen kann, weil im Museum so viele Sachen zum Ausprobieren sind. Aber bei der Hochspannungsanlage geht das natürlich nicht. Als dann der erste Blitz in ein Kirchenmodell einschlug, hat er nichts mehr gesagt. Er hat sich nur die Ohren zugehalten. Und als dann der Mann in die Metallkugel geklettert ist und ein Blitz da einschlagen sollte, blieb ihm nur noch der Mund offen stehen. Er war echt froh, als der Mann ohne Schaden wieder aus der Kugel ausstieg. Das Prinzip des Faradayschen Käfigs kennt er jetzt ...

moni Wenn ich das nächste Mal vorbeikomme, werde ich ihn mal danach fragen ;-) Und was hat Nadine gefallen?

betti Vieles. Aber ich glaube, sie mochte am liebsten die Musikautomaten. Besonders lange hat sie vor den automatischen Geigen gestanden. Sie wollte doch mal Geige spielen. Dass die Instrumente ganz alleine spielen können, das hat sie wirklich beeindruckt ...

moni Und wie fand dein Mann das Museum?

betti Dieter? Der war vom Energie-Fahrrad fast nicht mehr wegzubekommen ... Er wollte unbedingt wissen, wie viel Energie er mit seiner Muskelkraft produzieren kann ...

In Münster

15 Lesen Sie die drei Texte und ergänzen Sie das Telefongespräch von zwei Schulfreundinnen mit Informationen aus den Info-Texten.

PETRA Petra Fehre.

KERSTIN Hallo Petra. Kerstin hier.

PETRA Hallo Kerstin. Schön, dass du anrufst. Wie geht´s dir?

KERSTIN Prima. Und dir? Wie ist es so in ___ ___ ___ ___ ___ ___ ___?

PETRA In Münster? Hier ist es total langweilig.

KERSTIN Echt?

PETRA Quatsch, nein. Das war ein Spaß. Hier ist echt viel los. Es gibt jede Menge Veranstaltungen, ein tolles ___ ___ ___ ___ ___ ___programm. Und jede Menge Studentenkneipen. Und schön finde ich die Stadt auch. Der Domplatz ist toll, mittwochs und samstags ist da immer ein großer Wochenmarkt. Und den Prinzipal___ ___ ___ ___ ___ mag ich auch mit dem Historischen ___ ___ ___ ___ ___ ___ ___.

KERSTIN Ich war ja noch nie in Münster. Ich habe nur gehört, dass in Münster so viele Menschen mit dem ___ ___ ___ ___ ___ ___ ___ fahren. Stimmt das?

PETRA Ja, das stimmt. Münster ist eine ___ ___ ___ ___ ___ ___ ___stadt. Es gibt viele Radwege. Der schönste Radweg führt wie ein Ring um die ___ ___ ___stadt herum und unter ___ ___ ___ ___ ___ ___ entlang. Das ist mein Weg zur Uni.

KERSTIN Ach, ja: Wie ist es überhaupt im Studium?

PETRA Bis jetzt ist es prima. Die Uni-___ ___ ___ ___ ___ ___ ___ sind in der ganzen Stadt verteilt. Ich fahre also immer mit dem Fahrrad von Seminar zu Seminar. Das mag ich.

KERSTIN Das hört sich gut an. Schade, dass ich die Stadt noch nicht kenne.

PETRA Das können wir ändern. Komm mich doch besuchen.

KERSTIN Gerne. Ich habe am nächsten Wochenende Zeit.

PETRA Klasse! Was willst du machen? Wollen wir uns Kunst ansehen? Dann können wir ins ___ gehen. Wir können auch draußen etwas machen. Wir könnten in den ___ ___ ___ ___ ___ ___ ___ ___ ___ ___ ___ ___ ___ ___ ___ ___ ___ am Schloss gehen. Oder wir gehen in den ___ ___ ___, wenn du willst. Das Wetter ist da egal, es ist nämlich ein ___ ___ ___ ___ ___ ___ ___ ___ ___ ___ ___ ___ …

Münster

liegt in Nordrhein-Westfalen, ca. 70 Kilometer nördlich von Dortmund. Bekannt ist die Stadt an der Aa (einem kleinen Fluss) als Universitäts- und Fahrradstadt. Die Stadt ist ungefähr 300 Quadratkilometer groß und damit eine der größten Städte Deutschlands, wenn man nur die Flächen vergleicht. Fast die Hälfte der Fläche wird aber landwirtschaftlich genutzt, deshalb hat Münster relativ wenig Einwohner. Etwa 275 000 Menschen leben hier. Die Stadt ist bei nationalen wie auch internationalen Vergleichen von Städten sehr beliebt und wird als besonders „lebenswert" bezeichnet. Charakteristisch für Münster ist die nach dem Zweiten Weltkrieg wieder aufgebaute Altstadt. Um die Altstadt herum führt die „Promenade", ein 4,5 Kilometer langer ringförmiger Fahrradweg unter Bäumen. In der Altstadt selbst ist der Prinzipalmarkt mit dem Historischen Rathaus besonders zu erwähnen. Ein weiteres Wahrzeichen der Stadt ist der St.-Paulus-Dom mit dem großen Domplatz, an dem auch Teile der Universität und das Landesmuseum für Kunst- und Kulturgeschichte liegen. Wenige hundert Meter weiter befindet sich das Kunstmuseum Pablo Picasso. Über die Stadtgrenzen hinaus bekannt ist auch der Allwetterzoo etwas außerhalb des Stadtzentrums. Die Stadt bietet mit mehreren Museen, Theatern, Kinos und anderen Veranstaltungsorten ein vielfältiges Kulturprogramm.

Der Domplatz

Der Prinzipalmarkt

Die WWU Münster

Münster hat eine der größten Universitäten Deutschlands: die Westfälische Wilhelms-Universität (WWU). Sie ist der größte Arbeitgeber in der Stadt mit etwa 5000 festen Mitarbeitern (vom Handwerker bis zum Professor). Davon sind mehr als 500 Professoren und über 3800 wissenschaftliche Mitarbeiter. Zusätzlich arbeiten über 7000 Menschen am Universitätsklinikum, das zur WWU gehört. Die Universität zählt etwa 36 000 Studierende, davon sind über die Hälfte Frauen. Die WWU liegt nicht wie andere Universitäten auf einem Campus, sondern ist mit mehr als 200 Gebäuden in der Stadt verteilt. Deshalb sieht man in der Stadt viele Studenten auf dem Fahrrad, die zwischen den einzelnen Universitäts-Gebäuden hin- und herfahren. Das zentrale Gebäude mit der Universitätsverwaltung ist das Schloss, hinter dem sich der Botanische Garten befindet. Die WWU bietet mehr als 110 Studienfächer an, von A wie Anglistik bis Z wie Zahnmedizin. Im Angebot sind auch Studienfächer, die nur sehr wenige Studenten wählen, die so genannten „Orchideenfächer". Die WWU liegt bundesweit auf Platz 2 bei der Zahl der Abschlussprüfungen. Über 6000 Studierende bestanden 2009 ihren Abschluss in Münster.

16 **Sehen Sie sich das Foto von einer Vorlesung in Münster an. Was ist ungewöhnlich?**

17 **Lesen Sie die Ankündigungen aus dem Vorlesungsverzeichnis für das „Studium im Alter" und beantworten Sie die Fragen.**

Einführung in wissenschaftliches Arbeiten
Auch für ältere Studierende ist es wichtig, Methoden wissenschaftlichen Arbeitens zu kennen. In der Übung werden die Unterschiede zwischen Alltagswissen und Wissenschaft erklärt. Das Mitschreiben einer Vorlesung und die Bearbeitung von wissenschaftlicher Literatur werden geübt. Auch wird praktisch gezeigt, wie man argumentiert und diskutiert und wie man Arbeitsergebnisse präsentiert und schriftliche Arbeiten strukturiert.
mittwochs, 10–12 Uhr • Bispinghof 2, B 301 • Beginn: 20. Oktober

Kultur? Was ist das?
Das Seminar beschäftigt sich mit Texten von Theoretikerinnen und Theoretikern des 20. Jahrhunderts zum Thema Kultur. Die unterschiedlichen Vorstellungen von Kultur werden verglichen und ihre Konsequenzen für pädagogisches Handeln untersucht. Ein weiteres Thema sind verschiedene Konzepte der Interkulturellen Kompetenz. Das Seminar setzt die Bereitschaft zur Textlektüre und die aktive Beteiligung im Seminar voraus. Eine Liste der Texte wird zu Beginn des Kurses verteilt.
montags, 12–14 Uhr • Bispinghof 2, S 214 • Beginn: 11. Oktober

Die Geschichte der Migration im 19. und 20. Jahrhundert
Im 19. Jahrhundert wanderten über 5 Millionen Deutsche nach Amerika aus. Zwischen 1955 und 1973 kamen 14 Millionen Menschen nach Deutschland, um hier zu arbeiten. Etwa 3 Millionen davon sind in Deutschland geblieben. In der Bundesrepublik haben Staat und Gesellschaft lange nicht darauf reagiert, dass Deutschland ein Einwanderungsland geworden ist. Das Seminar beschäftigt sich mit den verschiedenen historischen Migrationsbewegungen von und nach Deutschland, den Gründen für die Migration und mit den Bedingungen, unter denen Einwanderer in Deutschland ein neues Leben angefangen haben.
dienstags, 14–16 Uhr • Domplatz 20, S 030 • Beginn: 19. Oktober

Arbeitskreis Literatur
Im Arbeitskreis lesen wir gemeinsam literarische Texte, interpretieren und diskutieren sie. In diesem Semester ist unser Thema die zeitgenössische deutsche Literatur. Wir besprechen u. a. Bücher von Julia Franck („Die Mittagsfrau"), Herta Müller („Atemschaukel") und Juli Zeh („Schilf"). Weitere Bücher oder Texte legen wir gemeinsam fest.
donnerstags, 16–18 Uhr (14-tägl.) • Domplatz 20, S 042 • Beginn: 21. Oktober

Warmwassergymnastik
Bei der Warmwassergymnastik steht man im Wasser. Die Gymnastik ist deshalb nicht so anstrengend. Die Gelenke (z. B. Knie und Hüfte) werden im Wasser entlastet. Darum eignet sich die Gymnastik auch für alle, die Probleme mit den Gelenken haben. Trotzdem trainiert man Kraft und Ausdauer. Eine kräftigere Atmung und eine bessere Durchblutung sind zusätzliche Effekte. Das warme Wasser hilft nebenbei auch bei der Lockerung und Entspannung der Muskeln.
dienstags, 17–18 Uhr • Horstmarer Landweg, Lehrschwimmbecken • Beginn: 12. Oktober

14

1. In welcher Veranstaltung müssen Sie nicht schreiben?
2. Wann beginnt das Seminar zum Thema Kultur?
3. Wohin können die Studenten gehen, die sich für Migration interessieren?
4. Welche Veranstaltung findet am 26.10. um 14 Uhr statt?
5. Findet der Arbeitskreis Literatur am 28.10. statt?
6. In welchem Seminar bekommen die Studenten eine Liste mit Texten?
7. Was lernen die Teilnehmer in der Einführung in wissenschaftliches Arbeiten?

18 **Welche Informationen aus den Ankündigungstexten sind neu für Sie?**

Mein Wissen über D-A-CH

19 **Wählen Sie ein Land: D, A oder CH. Sie haben 2 Minuten Zeit: Notieren Sie 10 Wörter, die Sie mit dem Land verbinden. Vergleichen Sie im Kurs. Sammeln Sie alle Wörter (z. B. an der Tafel). Welche Wörter werden am häufigsten genannt? Machen Sie eine „Hitliste".**

Ich:	Unser Kurs:
1 ______	1 ______
2 ______	2 ______
3 ______	3 ______
4 ______	4 ______
5 ______	5 ______
6 ______	6 ______
7 ______	7 ______
8 ______	8 ______
9 ______	9 ______
10 ______	10 ______

20 **Sie haben 5 Minuten Zeit. Lesen Sie die Namen und Wörter und versuchen Sie, zu möglichst vielen Namen und Wörtern je einen (vollständigen) Satz zu schreiben. Lesen Sie vor.**

Brüder Grimm • Lise Meitner • Dresden • die Donau-Auen • Stuttgart • Jugendherberge • Städtepartnerschaft • Reinheitsgebot • Münster • Bertha von Suttner • Würfelzucker • Schweizer Käse • Sigmund Freud • Das Wunder von Bern • Bratwurst • Gustav Mahler • Ehrenamt • Melitta Bentz • Caspar David Friedrich • das Wattenmeer

21 **Sammeln Sie aktuelle Fragen zu Deutschland, Österreich oder der Schweiz im Kurs. Verteilen Sie die Fragen und recherchieren Sie (z. B. im Internet).**

- Welche Band / welcher Sänger / welche Sängerin ist in der (inter-)nationalen Hitparade auf den Plätzen eins bis drei?
- Wer ist im Moment Bundeskanzler/in, Bundespräsident/in, Außenminister/in ...?
- Welche Gesetze werden im Moment verändert? / Über welche Gesetze wird diskutiert/abgestimmt?
- Welcher Fußballverein ist momentan auf Platz 1 in der 1. Bundesliga?
- Welches Buch wird im Moment am häufigsten verkauft?

Lösungen und Anmerkungen

A

3 Schläge bekam ich jeden Tag, das war schon üblich. Wenn wir etwas aufsagen sollten, brauchten wir bloß einen Fehler zu machen, dann wussten wir schon, du kriegst mit dem Stock. ... Er hat nie geschlagen.

Anmerkung zu **3**:
Das leicht vereinfachte Zitat von Christian Struckmann stammt aus: „Christian Struckmann. Ein Hundertjähriger erzählt aus seinem Leben“, aufgeschrieben von Gerda Brömel, privater Computerdruck von Gerda Brömel, Mönkeberg 1989, Stadtarchiv Flensburg.

6 Beispiel-Lösung:

Jugendherberge	*Hotel*
– günstiger	*– teurer*
– Jugendgruppen und Schulklassen	*– (meistens) Erwachsene*
– Gemeinschaftsräume	*– keine Gemeinschaftsräume*
– schnell Kontakt zu anderen Gästen	*– kein/kaum Kontakt zu anderen Gästen*
– man kann grillen	*– man darf nicht grillen*
– Betten selber beziehen	*– Service/Zimmermädchen*
– Tischdienst	*– Kellner*
– man muss Mitglied einer Jugendherbergsorganisation sein	*– man muss nicht Mitglied sein*

7 A: Man darf bis 10 Uhr Musik hören, man darf aber keinen Alkohol in der Jugendherberge trinken.
B: Man darf nicht in den Schlafräumen essen.

9 Käse braucht Zeit... frisst Gras und Kräuter ... eine der etwa 800 Käsereien ... 10 Liter Milch braucht man ... Sind die Stücke groß, wird ... wird der Käse später härter. ... in unterschiedliche Formen. ... etwas Salz aus der Lake ... Wochen, Monate ... Man lagert den Käse in einem Keller

11 5 Luzern, 6 Obwalden, 7 Nidwalden, 13 Thurgau, 14 St. Gallen, 16 Appenzell Ausserrhoden, 18 Graubünden, 21 Bern

14 1d, 2b, 3a, 4c

15 Zum Beispiel: Beck´s (Beck, Bremen/Bremen), Berliner Kindl (Berlin/Berlin), Flensburger (Schleswig-Holstein/Flensburg), Hofbräu/HB (Bayern/München), Holsten (Hamburg/Hamburg), Jever (Niedersachsen/Jever), Paulaner (Bayern/München), Radeberger (Sachsen, Radeberg), Veltins (Nordrhein-Westfalen/Meschede), Warsteiner (Nordrhein-Westfalen/Warstein), ...

16 A: Textabschnitt 8, B, C und E: Textabschnitt 2, D: Textabschnitt 5

18

Name: **Frankfurter Würstchen** Fleisch: Schweinefleisch Gewürze: (werden nicht genannt, nur, dass die Würstchen geräuchert sind) erhitzt	Name: **Münchner Weißwurst** Fleisch: Kalbfleisch, Schweinespeck Gewürze: Petersilie, Zitrone, Ingwer, Kardamom, ... erhitzt
Name: **Nürnberger Rostbratwurst** Fleisch: Schweinefleisch Gewürze: Majoran, ... gegrillt	Name: **Thüringer Rostbratwurst** Fleisch: Schweinefleisch (Kalb- oder Rindfleisch) Gewürze: Kümmel, Majoran, Knoblauch, ... gegrillt

Quiz: 1B, 2D, 3D, 4D, 5B, 6B, 7C, 8A, 9C, 10A

B

1 zeitliche Reihenfolge: B, D, C, A. A: Bilder 2 und 3, B: kein Bild, C: Bilder 1 und 4, D: Bild 4

Anmerkung zu **1**:
George Bähr, * 1666 Fürstenwalde, † 1738 Dresden, deutscher Baumeister des Barock

2 1726 – 1743 Bau, 1945 Zerstörung, 1994 – 2005 Wiederaufbau,
Beispiele für Überschriften: A Wiederaufbau, B Bau, C Mahnmal und Symbol, D Zerstörung

4 Ich erzähle dir dann … und beschreiben Sie den Inhalt. … die Jacob Grimm geschrieben hat. … wie sich (…) Laute (…) verändert haben. … wollten den schriftlichen Gebrauch … Wie man so etwas ohne Computer gemacht hat, … die Märchen erzählten und dass sie die Märchen deshalb gesammelt (…) haben.

Anmerkung zu **4**:
Brüder Grimm = Jacob Grimm (*1785 in Hanau, † 1863 in Berlin) und Wilhelm Grimm (*1786 in Hanau, † 1859 in Berlin). Sie haben die moderne Germanistik als selbstständige Wissenschaft begründet. Sie haben aber auch historisch geforscht und waren politisch aktiv.

5 Beispiele für die Lösung: Märchen fangen oft mit „Es war einmal …" an. In Märchen können Tiere und Dinge sprechen. In Märchen gibt es Gut und Böse. In Märchen gibt es Zauberei/Hexerei. In Märchen gibt es Fabelwesen. …

7 Bild 1: Die Kohle ist weiter gegangen als im Märchen.
Bild 2: Der Schneider näht mit einem roten Faden.

11 Im Vordergrund des Bildes sieht man zwei große Bäume, die mit anderen Bäumen zusammen um einen Friedhof und eine Kirchenruine stehen. Die Bäume haben keine Blätter und sind sehr dunkel. Es liegt Schnee. Auf dem Friedhof stehen Kreuze, die zum Teil so schief stehen, dass sie fast umfallen. Durch die zwei Bäume sieht man hinter dem Friedhof die Kirchenruine. Im hinteren Teil der Ruine sind schmale hohe Fenster. Der Bildvordergrund wirkt dunkler als der Bildhintergrund. Der Hintergrund, der Bereich hinter den leeren Kirchenfenstern, ist heller. Von dort scheint Licht. Über den Friedhof gehen Menschen durch eine Türöffnung in die Ruine. Die Menschen sind schwarz gekleidet und man sieht sie von hinten.

12 wichtigsten Maler … besuchte die Kunstakademien … verbesserte seine Gemälde … deshalb Jahre … künstlerische Realität … Natur als Spiegel … mit dem Rücken … Eindruck von Unendlichkeit

Anmerkung zu **12**: Greifswald gehörte von 1630 bis 1815 zu Schweden. Friedrich ist auch Schwede gewesen. Aber er gehört als Maler in den Kontext der deutschen Romantik.

16 Bertha von Suttner: Literatur, Politik; Sigmund Freud: Medizin; Gustav Mahler: Musik; Lise Meitner: Naturwissenschaften

17 Freud, Mahler und Meitner haben studiert. Freud und Meitner hatten den Doktor- und den Professorentitel. Freud und Meitner mussten 1938 vor den Nationalsozialisten fliehen, weil sie jüdische Vorfahren hatten. Meitner und von Suttner waren Pazifistinnen.

18 A) Nordrhein-Westfalen, B) Bayern, C) bei den Eltern, D) Auto, E) Geschirrspüler (In über 70% der Haushalte gibt es aber eine Bohrmaschine), F) Fernseher (einen Hund haben weniger als die Hälfte der Deutschen), G) Handy, H) Computer, I) Internet-Anschluss, J) raucht, K) Übergewicht, L) verheiratet, M) 2,8 Jahre älter, N) ein Kind, O) seine finanzielle Situation

19 A: George Bähr, Preis/-verleihung (George-Bähr-Preis); B: E.T.A.Hoffmann, Opernaufführung (Jaques Offenbach: „Hoffmanns Erzählungen"), C: Gustav Mahler, Film („Mahler auf der Couch"), D: Bertha von Suttner, Friedensnobelpreis; E: Caspar David Friedrich, Kunstraub/-diebstahl

C

1 Über eine Million Frauen und Mädchen ... in Berlin, Hamburg und München ... über 170 000 Mannschaften ... Der DFB ist ... weltweit die größte nationale Organisation ... (1. Bundesliga) ... stellt die Fußballnationalmannschaft zusammen ... 1954, 1974 und 1990 ... „Wunder von Bern" ... „Wir sind Weltmeister" ... zum zweiten Mal ... psychologischen Aspekt

3 A 7, B 4, C 5, D 3, E 6, F 2, G 8, H 1

4 ... Spielfilm aus dem Jahr ... Der Film erzählt ... Weltmeisterschaft in Bern ... handelt ... von den Schwierigkeiten ... der im Krieg war ... der nach elf Jahren ... zu seiner Familie zurückkehrt ... der respektierte Vater ... sein Verhalten in der Nazi-Zeit. Seine/Die Tochter flirtet mit einem/den britischen Besatzungssoldaten ... zum ersten Mal ... ist kein reiner Sportfilm ... die gesellschaftliche Situation ... Handlungen des Films werden durch die Freundschaft ... der Vater im Film ... das entscheidende Tor ... in der Familie ... in die Kinos

5 „Das Wunder von Bern" ist ein Spielfilm. Er erzählt nicht nur von der Fußballweltmeisterschaft 1954, sondern auch über die Probleme und die gesellschaftliche Situation der Nachkriegszeit. „Deutschland. Ein Sommermärchen" ist ein Dokumentarfilm. Er berichtet ausschließlich von der Fußballweltmeisterschaft 2006.

6 in der 2. Bundesliga ... in die deutschen Kinos ... „Das Wunder von Bern" von 2003 und „Deutschland. Ein Sommermärchen" von 2006

8 Teebeutel, Kaffeefilter, Nescafé, Thermoskanne und Würfelzucker.
Zeitpunkt der Erfindung: siehe Aufgabe 9

9 A: Zuckerwürfel/Würfelzucker, B: Thermoskanne, C: Kaffeefilter, D: Teebeutel, E: Nescafé (Instantkaffee)

13 Mit der Nase im Boden: das Wildschwein
Sammler mit schlechtem Gedächtnis: das Eichhörnchen
„Bambi": das Reh
Riese mit Geweih: der Hirsch
Spezialität: Weglaufen: der Hase
Überlebenskünstler: der Fuchs

15 1. Dokumentarfilm, 2. Kuppel, 3. Würfelzucker/Zuckerwürfel, 4. Wunder, 5. Halbzeit, 6. Nachkriegszeit, 7. Nationalmannschaft, 8. Ruine, 9. Kaffeefilter, 10. Torwart, 11. Thermoskanne, 12. Rostbratwurst, 13. Wattenmeer, 14. Bohne, 15. Nationalpark

D

1

1948	St. Helens	Großbritannien
1955	**Cardiff**	Großbritannien
1960	St. Louis	**USA**
1962	**Strasbourg**	Frankreich
1968	Mumbai	Indien
1971	Menzel Bourguiba	**Tunesien**
1979	Kairo	**Ägypten**
1988	Łódź	**Polen**
1989	Brno	Tschechische Republik
1992	**Samara**	Russische Föderation

3 tut mir leid, dass ... Und jetzt ist die Gruppe ... bei uns ... kannten sich ja schon von der Cardiff-Fahrt ... weil sie sich nicht erst kennenlernen mussten ... gleich gestern die offizielle Begrüßung ... hatten die Jugendlichen keine Lust ... aber nach der Führung durchs Rathaus durften sie auf den Rathausturm. Und den Blick von oben auf ... hatten wir ein Stadtspiel organisiert ... Menschen auf der Straße ansprechen, um Mithilfe bitten und ein paar historische Daten herausfinden ... der Fußball-WM 2006 war). Abends haben wir uns alle in der Jugendherberge getroffen ... auch unsere Gruppe hat dabei etwas gelernt

4 Die Gruppe aus Cardiff ist in der Jugendherberge untergebracht, der Austausch mit Ogaki ist in Gastfamilien.

6 Kein Ehrenamt sind 2 und 6.

7 1 B, 2 E, 3 C, 4 F, 5 D, 6 A. Das Bild passt zu den Abschnitten F und D.

9 Schutz der Bevölkerung / setzt Helfer, … Geräte und Material ein / hilft … bei … (Natur-) Katastrophen / Wenn andere Staaten (z.B. bei Erdbeben) Unterstützung benötigen, kann das THW … weltweit Hilfe leisten. / spezielle Einheiten für … die Aufbereitung von Trinkwasser.

10 Das Bild passt nicht zur E-Mail, denn dort heißt es, dass die Trinkwasser-Aufbereitungsanlage an einem Fluss steht, auf dem Bild ist jedoch kein Fluss zu sehen.

12 A: Die Geschichte, B: Die Gebäude, C: Die Sammlungen, D: Das Konzept

14 A: Energiefahrrad, B: Musikautomat / automatische Geigen, C: Hochspannungsanlage / Faradayscher Käfig / Metallkugel

15 ... so in Münster ... ein tolles Kulturprogramm ... den Prinzipalmarkt ... mit dem Historischen Rathaus ... viele Menschen mit dem Fahrrad fahren ... eine Fahrradstadt ... um die Altstadt herum ... unter Bäumen entlang ... Die Uni-Gebäude ... können wir ins Kunstmuseum Pablo Picasso gehen ... in den Botanischen Garten am Schloss ... in den Zoo ... ein Allwetterzoo

16 Die Menschen sind älter als „normale“ Studierende.

Anmerkung zu **16**, **17** und **18**:
An mehr als 50 Hochschulen in Deutschland können auch Menschen mit 50 oder mehr Jahren noch studieren. Oft gibt es spezielle Veranstaltungen für diese Studierenden. Auch an der WWU Münster gibt es diese Möglichkeit.

17 1: Warmwassergymnastik. 2: Am 11. Oktober. 3: Ins Seminar „Die Geschichte der Migration im 19. und 20. Jahrhundert“./ Zum Domplatz 20, Raum S 030. 4: Das Seminar „Die Geschichte der Migration …“, 5: Nein. Er findet nur alle 2 Wochen statt. 6: Im Seminar „Kultur? Was ist das?“
7: Sie lernen den Unterschied zwischen Alltagswissen und Wissenschaft kennen, lernen, wie man eine Vorlesung mitschreibt, wissenschaftliche Literatur bearbeitet, wie man argumentiert, diskutiert, Arbeitsergebnisse präsentiert und schriftliche Arbeiten strukturiert.

Quellenverzeichnis

S. 4 Foto oben links, Flensburg 1907: mit freundlicher Genehmigung des Stadtarchivs Flensburg
Foto oben rechts, Flensburg 2010, und Foto unten, Flensburg, Hafenansicht: Christian Seiffert

S. 5 Textzitat in Aufgabe ③: Christian Struckmann. Ein Hundertjähriger erzählt aus seinem Leben, aufgeschrieben von Gerda Brömel, privater Computerdruck von Gerda Brömel, Mönkeberg 1989, Stadtarchiv Flensburg
Foto Junge mit Schultüte: © Ingrid Ruthe, PIXELIO

S. 6 Foto oben links, Jugendherberge Burg Altena: mit freundlicher Genehmigung des Deutschen Jugendherbergswerks, Landesverband Westfalen-Lippe gemeinnützige GmbH, Marketing/Programmentwicklung
Foto oben rechts: mit freundlicher Genehmigung der Jugendherberge Köln-Deutz

S. 8 Foto Kupferkessel für Käseproduktion: © Matthias Kabel, Wikimedia Creative Commons

S. 9 Foto oben, Graubünden, Val Poschiavo,Brusio: © Roland Zumbühl, www.picswiss.ch
Fotos Appenzeller-Käse, Piz Bever, Emmentaler und Sbrinz: www.kaeseweb.de

S. 10 Foto oben, Bierglas, Hopfen, Gerste: © Václav Mach, fotolia.com

S. 11 Fotos unten von links nach rechts: Flaschenabfüllanlage: © LUMIERES, fotolia.com; Hopfen: ©Thomas Wöhrle, fotolia.com; Gerste: © Daniel Fuhr, fotolia.com; Braupfanne: © Alexey Smirnov, fotolia.com: Wasser: © Yvone Baumann, fotolia.com

S. 12 Fotos von oben nach unten: Frankfurter Würstchen: © WordRidden, Jessica Spengler, Wikimedia Creative Commons; Nürnberger Rostbratwürstchen: © kameramann, fotolia.com; Weißwürste: Albert Ringer; Thüringer Rostbratwurst: © WoGi, fotolia.com

S. 14 Foto 1: Gedenkkundgebung am 13. Februar anlässslich eines Jahrestages der Zerstörung Dresdens an der Ruine der Frauenkirche: © SLUB Dresden / Deutsche Fotothek, http://www.deutschefotothek.de
Foto 2: Frauenkirche nach Wiederaufbau: © Christoph Münch, Dresden Marketing GmbH

S. 15 Foto 3: Modell der Hauptkuppel: © IPRO Dresden, Planungs- und Ingenieuraktiengesellschaft, Dresden;
Foto 4: Dresden nach Zerstörung 1945, Blick auf die Ruine der Frauenkirche: © SLUB Dresden / Deutsche Fotothek

S. 16 Brüder Grimm: © akg-images

S. 18 Selbstporträt E. T. A. Hoffmann: Wikimedia Commons

S. 19 Caspar David Friedrich: Klosterfriedhof im Schnee, 1819: © bpk / Nationalgalerie, Staatliche Museen zu Berlin;
Selbstporträt C. D. Friedrich: Wikimedia Commons

S. 20 Bertha von Suttner 1906: Wikimedia Commons, Quelle: Stadtarchiv Wien, Verlag Christian Brandstädter;
Sigmund Freud um 1905: Wikimedia Commons, Urheber: Ludwig Grillich

S. 21 Gustav Mahler, österreichische Sonderbriefmarke zum 150. Geburtstag von Gustav Mahler;
Lise Meitner mit Otto Hahn: Wikimedia Commons

S. 24 Foto unten: Deutsche Fußballmannschaft 1954 im Zug: Süddeutsche Zeitung Photo

S. 26 Szene aus „Deutschland ein Sommermärchen: © Cinetext GmbH
Foto Sönke Wortmann: © Getty Images

S. 28 Zuckerwürfel: © Olaf Wandruschka, fotolia.com

S. 29 Foto Kaffeefilter: © Otto Durst, fotolia.com; Foto Tasse mit Teebeutel: © fotolia.com; Instantkaffee: © Otmar Smit, fotolia.com

S. 30 Foto Nationalpark Donau-Auen, Altarm: © Baumgartner, www.donauauen.at
Foto unten, Wattenmeer Schleswig-Holstein: © Stock / LKN-SH (= Landesbetrieb für Küstenschutz, Nationalpark und Meeresschutz Schleswig-Holstein);

S. 31 Foto oben Nationalpark Wattenmeer: © Stock / LKN-SH

S. 31 Foto unten: Schweizer Nationalpark, Ftan: © Roland Zumbühl, www. picswiss.ch

S. 34 Foto Schloss Stuttgart: © Jürgen Effner, Fotolia.com

S. 35 Foto Rathaus Stuttgart: © JuergenG, Wikimedia Creative Commons

S. 37 Foto Trinkwasseraufbereitung: © THW, Technisches Hilfswerk

S. 38 Deutsches Museum, Museumsinsel, Foto: Deutsches Museum

3. 39 Foto oben rechts, Energiefahrrad: Deutsches Museum
Foto oben links, mechanische Geigen: Deutsches Museum
Foto Hochspannungsanlage: Deutsches Museum / S. Wameser

S. 41 Foto oben: Dom und Domplatz, Münster: © Lars Paege, PIXELIO
Foto Prinzipalmarkt: © Doris Rennekamp, PIXELIO
Westfälische Wilhelms-Universität Münster/Schloss: © WWU Münster, Fotograf Peter Grewer
Hörsaal Universität Münster, Studium im Alter: © WWU Münster, Fotograf Peter Grewer